Das Recht

des

Bürgerlichen Gesetzbuchs

in

Einzeldarstellungen.

Schröder, Das eheliche Güterrecht.

Dritte Auflage.

Berlin 1900.
J. Guttentag, Verlagsbuchhandlung,
G. m. b. H.

Das eheliche Güterrecht

nach dem

Bürgerlichen Gesetzbuche

für das

Deutsche Reich

in seinen Grundzügen.

Von

Dr. R. Schröder,

Professor der Rechte an der Universität zu Heidelberg.

Dritte vermehrte und verbesserte Auflage.

Berlin 1900.

J. Guttentag, Verlagsbuchhandlung,

G. m. b. H.

Dem

Wirklichen Geheimen Oberjustizrath,

Präsidenten des Oberlandesgerichts zu Frankfurt a. M.,

Herrn Dr. Hagens

in dankbarer Erinnerung

an vielfache Anregung und Belehrung

gewidmet.

Einleitung.

Die im Deutschen Reiche vor dem Inkrafttreten des BGB. herrschenden gesetzlichen Systeme des ehelichen Güterrechts waren: die Verwaltungsgemeinschaft, die Errungenschaftsgemeinschaft, die Fahrnißgemeinschaft (d. h. Mobiliar- und Errungenschaftsgemeinschaft), die allgemeine Gütergemeinschaft und das römische Dotalrecht.

Alle diese Systeme hatten nur dispositive Bedeutung, sie fanden nur Anwendung, soweit nicht durch rechtsgültigen Ehevertrag etwas Anderes bestimmt war: „Gedinge bricht Landrecht“. Dieser vornehmste Satz des altdeutschen ehelichen Güterrechts hatte sich, theils durch gemeines Gewohnheitsrecht, theils unter ausdrücklicher gesetzlicher Anerkennung, dem römischen Rechte gegenüber in ganz Deutschland erhalten. Auch das BGB. hält daran fest: „Die Ehegatten können ihre güterrechtlichen Verhältnisse durch Vertrag (Ehevertrag) regeln“ (§ 1432).

Das Hamburger Recht war wohl das einzige in Deutschland bestehende Partikularrecht, das Eheverträgen keine Wirkung gegen Dritte beilegte[1]). Das BGB. hat sich diesen Standpunkt nicht angeeignet, aber es macht, nach dem Vorgange Oldenburgs und Bremens und der vielfach für Eheverträge von Kaufleuten vorgeschriebenen Eintragung in das Handelsregister[2]), die Wirkung der Eheverträge gegen Dritte von ihrer öffentlichen Registrirung und Bekanntmachung abhängig (§ 1435).

---

[1]) Auch das Lübecker Gesetz vom 26. Okt. 1863, die Haftung der Ehefrauen für die Verbindlichkeiten ihrer Ehemänner betreffend, nimmt auf Eheverträge, insoweit sie die Haftung der Ehefrau beschränken, keine Rücksicht. Vgl. Plitt, Das eheliche Güterrecht und das Erbrecht Lübecks, 1884, S. 25 ff. Nach Bertram, Das nassauische Privatrecht (1873) S. 580, wurde früher auch im Herzogthum Nassau den Eheverträgen keine Wirkung gegen Dritte beigelegt, doch hatte sich die Praxis später geändert.

[2]) Vgl. die Einf.-Gesetze zum ADHGB. für Baden Art. 10 ff., Elsaß-Lothringen Art. 6, Großh. Hessen Art. 27, Hessen-Homburg Art. 25, Oldenburg Art. 4, Oesterreich Art. 16 f., Preußen Art. 20, 40, Schleswig-Holstein Art. 8. Siehe auch Code de Commerce 67 ff.

Dasselbe Prinzip wurde auf andere, im Gebiete des ehelichen Güterrechts vorkommende Wandelungen übertragen, indem auch bei ihnen die Wirkung gegen Dritte durch die Eintragung in das Güterrechtsregister bedingt ist[1]).

Von den gesetzlichen Systemen hatte das des römischen Rechts, auch abgesehen von seiner Durchbrechung durch das Prinzip der Vertragsfreiheit, weitaus das kleinste Geltungsgebiet, indem es, von unbedeutenden Bezirken abgesehen, nur in Braunschweig, Waldeck und dem ehemaligen Herzogthum Westfalen (Arnsberg) sowie dem größten Theile des bayerischen Kreises Schwaben und des platten Landes in beiden Mecklenburg mehr oder weniger rein zur Anwendung kam. Im Uebrigen galt es noch hier und da für die höheren Gesellschaftsklassen, die früher das Recht des eximirten Gerichtsstandes besessen hatten, und in dem Gesammtgebiete des gemeinen Rechts für alle Ehen, in denen der gesetzliche Güterstand durch Ehevertrag einfach ausgeschlossen war. Bei so beschränkter Anwendung in kleinen, unzusammenhängenden Gebieten konnte das römische Dotalrecht, obwohl es der Ehefrau gegenüber dem Manne eine größere Selbständigkeit und Sicherung gewährte als die deutschrechtlichen Systeme und darum von den Vertretern der Frauenemanzipation als das Idealrecht gepriesen und gefordert wurde, bei der einheitlichen Normirung des deutschen Civilrechts eine besondere Berücksichtigung nicht beanspruchen.

Hinsichtlich der vier anderen Systeme, die sämmtlich auf deutschrechtlicher Grundlage erwachsen sind, hat das BGB. das noch in dem preußischen allgemeinen Landrecht durchgeführte Regionalprinzip mit Recht vermieden[2]). Ein Zusammenhang der verschiedenen Güterrechtssysteme mit besonderen Stammeseigenthümlichkeiten besteht schon seit dem Mittelalter nicht mehr. Die allgemeine Gütergemeinschaft war bereits im Mittelalter bei allen Stämmen bekannt, im Uebrigen wurde bei den ostfälischen Sachsen die Verwaltungsgemeinschaft, bei den übrigen Stämmen die Fahrniß- und Errungenschafts- oder die bloße Errungenschaftsgemeinschaft bevorzugt. Die schließliche Gruppirung der verschiedenen Systeme beruhte überwiegend auf wirthschaftlichen Verschiedenheiten, vielfach auf rein äußerlichen Umständen ohne jede

[1]) Der Vorentwurf des schweizerischen Civilgesetzbuches §§ 222—225 ordnet in ganz entsprechender Weise die Anlegung von Ehegutsregistern an.

[2]) Ebenso der Entwurf des schweizerischen Civilgesetzbuches.

historische Berechtigung[1]. Größere geschlossene Gebiete ließen sich höchstens in Norddeutschland für die Verwaltungsgemeinschaft und allgemeine Gütergemeinschaft und im Westen für die Fahrnißgemeinschaft des französischen Rechts abgrenzen. Dagegen bestand in Süd- und Mitteldeutschland das bunteste Gemisch von allgemeiner Gütergemeinschaft und Errungenschaftsgemeinschaft, so daß die Durchführung größerer Gruppen sich selbst dann als unmöglich erwiesen haben würde, wenn die beiden hier in Betracht kommenden Systeme überhaupt in sich einheitlich gestaltet wären. Aber die Verschiedenheiten innerhalb der einzelnen Systeme sind überaus groß und auch die bescheidenste Konsolidation wäre nur unter schonungslosen Eingriffen in die bestehenden Eigenthümlichkeiten durchzuführen gewesen. Wenn aber solche Eingriffe überhaupt nicht zu vermeiden waren, so ist nicht einzusehen, was mit einer solchen Flickarbeit, auf Kosten der nationalen Rechtseinheit, hätte gewonnen werden können.

Dazu kam die bei früheren Gesetzgebungsakten gemachte Erfahrung, daß das Rechtsbewußtsein des Volkes im Allgemeinen doch nicht so sehr an den hergebrachten Güterständen festhält, wie vielfach angenommen wurde, und daß es, wo dies der Fall ist, ein sehr einfaches Mittel giebt, berechtigten Forderungen in dieser Beziehung zu begegnen. Indem das BGB. das Regionalprinzip zurückweist und ein einziges System als gesetzlichen Güterstand aufstellt, trägt es den bestehenden Verschiedenheiten, soweit sie dem Volksbewußtsein oder wirthschaftlichen Bedürfnissen wirklich entsprechen, nach dem Vorgange aller neueren Kodifikationen seit dem Code civil und in Uebereinstimmung mit dem schweizerischen Entwurfe dadurch Rechnung, daß es die übrigen Systeme als vertragsmäßige Güterstände normirt.

Bei der ziemlich gleichmäßigen Vertheilung der vier Systeme innerhalb des Reiches bedurfte es reiflicher Erwägung, welches derselben den Vorzug, als das gesetzliche System an die Spitze gestellt zu werden, verdiente. Manches sprach für die Errungenschaftsgemeinschaft; aber ihr bisheriger Bereich war der kleinste, in der Hauptsache auf süddeutsche, wenig zusammenhängende Gebiete beschränkt, und ihre allgemeine Einführung in Gegenden, die andere Systeme hergebracht hatten,

[1]) Man denke z. B. an die rein zufällige Uebereinstimmung des Würzburger Landrechts mit dem Lübischen Stadtrecht, die beide nur bei bekindeter Ehe allgemeine Gütergemeinschaft eintreten lassen.

würde im praktischen Leben, namentlich hinsichtlich der Schuldenhaftung und bei der Auseinandersetzung nach Auflösung der Ehe, auf große Schwierigkeiten gestoßen sein und ihre Einbürgerung sehr erschwert haben. Erheblich leichter hätte sich die ebenso in Nord- wie in Süddeutschland stark verbreitete, zum Theil große geschlossene Gebiete beherrschende allgemeine Gütergemeinschaft durchführen lassen. Das System ist, wenn man von der fortgesetzten Gütergemeinschaft absieht, das einfachste von allen, und leicht könnte ihm auch die Fahrnißgemeinschaft des französischen Rechts eingegliedert werden, da diese bei den heutigen wirthschaftlichen Verhältnissen, wo Mobiliarwerthe oft weit über den Immobiliarwerthen stehen, als selbständiges System kaum zu allgemeiner Einführung geeignet erscheinen dürfte. Dem gegenüber aber haben die von der Kommission für das BGB. veranlaßten statistischen Erhebungen bei dem System der allgemeinen Gütergemeinschaft und mehr noch bei dem der Fahrnißgemeinschaft die außerordentliche Häufigkeit vertragsmäßiger Ausschließung, in Baden bei bis zu 50 Prozent aller Ehen, ergeben, und schwerlich würde man sich in den Gebieten der Verwaltungs- oder Errungenschaftsgemeinschaft oder des Dotalrechts mit ihr befreundet haben. Dazu kam die sozialpolitische Rücksicht, daß es bei der allgemeinen Gütergemeinschaft unmöglich war, der Ehefrau die Selbständigkeit und Sicherung gegenüber ihrem Manne und seinen Gläubigern zu geben, die sie nach dem gesammten Gange der neueren Rechtsentwickelung beanspruchen durfte[1]). Dagegen war dies leicht auszuführen bei dem System der Verwaltungsgemeinschaft, das den größten Theil des preußischen

[1]) Ein ausgedehntes gesetzliches Vorbehaltsgut der Frau ist mit dem Wesen der allgemeinen Gütergemeinschaft unvereinbar, der Mann wird daher hier stets schärfer, wie unter den übrigen Güterständen, als das Haupt des Hauses hervortreten. Man hatte sich wohl gegen den Entwurf des BGB. auf das bekannte Beispiel Württembergs berufen und behauptet, in allen Ländern, wo heute allgemeine Gütergemeinschaft bestehe, werde die Anhänglichkeit an das alte Recht nach Einführung des BGB. dahin führen, daß man das bewährt gefundene System der Gütergemeinschaft allgemein durch Eheverträge festzuhalten suchen werde. Dies enthalte aber eine Härte gegen die Unvermögenden, die gezwungen sein würden, sich dem neuen Recht zu unterwerfen. Dabei wurde übersehen, daß der offenkundige Grund für den in Württemberg bestehenden Brauch, der sich zweifellos in vielen Gegenden wiederholen wird, auf dem Bedürfnisse der Männer, für die Hebung ihres Kredites das Vermögen ihrer Ehefrauen nutzbar zu machen, beruhte, also ein Beweggrund, der überhaupt nur bei den vermögenden Klassen vorkommen kann.

Landrechtsgebietes, das Königreich Sachsen, das Herzogthum Oldenburg nebst dem Fürstenthum Lübeck und die Gebiete des gemeinen Sachsenrechts, zum Theil auch die des Lübischen Rechts beherrschte und im Bereich des französischen und badischen Rechts überall zur Anwendung kam, wo durch Ehevertrag ohne sonstige Bestimmung die gesetzliche Fahrnißgemeinschaft ausgeschlossen war. In den Geltungsbereichen des Dotalrechts, wo ohnehin in zahlreichen Ehen dem Manne Verwaltung und Nutzung des ganzen Frauengutes zu den Zwecken der Ehe freiwillig überlassen zu werden pflegte (nach Oesterreich. BGB. wird eine solche Ueberlassung im Zweifel sogar vermuthet), kann die Einführung der Verwaltungsgemeinschaft, zumal da das Gesetz den Bedürfnissen der Arbeiterbevölkerung und des kleineren Mittelstandes durch eine Ausdehnung des gesetzlichen Vorbehaltsgutes entgegenkommt, nur als eine wenig einschneidende Modifikation des bisherigen Rechtszustandes empfunden werden. Dasselbe ist von den Gebieten der Errungenschaftsgemeinschaft anzunehmen, da die Frau für den Verlust ihres Errungenschaftsantheils durch die Befreiung von den Lasten der Ehe und durch Erweiterung der Möglichkeit eigenen Erwerbes entschädigt wird. Demgemäß hat das BGB. auch hier, in Uebereinstimmung mit dem der Schweiz, sich für das gesetzliche System der Verwaltungsgemeinschaft, aber, um den Vorzügen der Gütergemeinschaftssysteme entgegenzukommen, in Verbindung mit einem weitreichenden Ehegattenerbrecht, entschieden[1]).

Für die vor 1900 geschlossenen Ehen bleiben nach dem Einführungsgesetze des BGB. die bisherigen Rechtsnormen (Gesetze und Gewohn-

---

[1]) Nach §§ 1931 f. erbt der überlebende Ehegatte ein Viertel neben Abkömmlingen (nach ALR. Kindestheil, aber höchstens ein Viertel); die Hälfte, nebst dem ganzen Hausrath und den Hochzeitsgeschenken (nach ALR. ein Drittel und den Hausrath), neben Eltern, Geschwistern und ihren Abkömmlingen; mindestens die Hälfte neben Großeltern; alle übrigen Verwandten schließt er aus (nach ALR. erst Verwandte über den sechsten Grad hinaus, bis dahin Erbfolge zur Hälfte). Noch weiter in der Begünstigung des Ehegattenerbrechts geht der schweizerische Entwurf (neben Nachkommen Nießbrauch auf Lebenszeit am ganzen Nachlasse, neben Eltern, Geschwistern und deren Nachkommen Eigenthum an der einen und Nießbrauch an der anderen Hälfte; alle übrigen Verwandten, auch die Großeltern, sind ausgeschlossen), während das Sächsische BGB. §§ 2049 ff. dem BGB. bereits sehr nahe kommt. Der halbe gesetzliche Erbtheil gilt, in Uebereinstimmung mit dem ALR., als Pflichttheil und kann nur auf Grund von Verfehlungen, die den Erblasser zur Ehescheidungsklage berechtigen würden, entzogen werden (BGB. §§ 2303, 2335).

heitsrechte) maßgebend, soweit nicht die Landesgesetze Wandel geschafft haben oder in Zukunft schaffen werden (EG. 2, 200, 218). Von den im Laufe des Jahres 1899 in den einzelnen Bundesstaaten erlassenen Ausführungsgesetzen zum BGB.[1]) hat nur das badische sich schlechthin an die Bestimmung des EG. angeschlossen, indem es für alle badischen Staatsangehörigen und für alle im Lande wohnenden nichtbadischen Reichsangehörigen die vor 1900 begründeten gesetzlichen oder vertragsmäßigen Güterstände nach Maßgabe des bisherigen Rechts fortdauern läßt und nur für die Geltung Dritten gegenüber vom Jahre 1905 ab die Eintragung in das Güterrechtsregister vorschreibt[2]). Außer Baden haben nur noch Württemberg, Braunschweig und Lippe das ältere Recht größtentheils aufrechterhalten[3]), während in allen übrigen Bundesstaaten die bisherigen gesetzlichen, zum Theil auch die vertragsmäßigen Güterstände zwar im allgemeinen bestehen bleiben, dabei aber für jeden einzelnen Güterstand, abgesehen von den erbrechtlichen Wirkungen und unbedeutenden Abweichungen in Einzelheiten, die Bestimmungen des BGB. für maßgebend erklärt sind[4]). Die in Ehe-

---

[1]) Mit allen Nebengesetzen abgedruckt bei Becher, Ausführungsgesetze zum BGB., München 1900. Für Preußen vgl. Fricke, Güterrecht der bei dem Inkrafttreten des BGB. bestehenden Ehen, 1900 In Bremen, Hamburg und Sachsen-Meiningen ist das eheliche Güterrecht durch besondere Gesetze, in Bayern durch die Uebergangsvorschriften geregelt.

[2]) Ausf.-Ges. 41. Außer Wirksamkeit treten nur die Bestimmungen des Bad. LR. 738a, 745a, 1535a, 1539a, 1570a, 1570b und das Gesetz v. 25. Nov. 1831 über die ehelichen Vermögensverhältnisse des Adels.

[3]) Württemberg (Ausf.-Ges. 260 ff.) hält sowohl für den gesetzlichen Güterstand des Landrechts wie für die vertragsmäßigen Güterstände an dem bisherigen Rechte fest. Der landrechtliche Voraus der Ehegatten wird aufgehoben. Bei vertragsmäßiger allgemeiner Gütergemeinschaft finden im Zweifel die Bestimmungen des BGB. über fortgesetzte Gütergemeinschaft Anwendung. Braunschweig (Ausf.-Ges. 73 ff.) unterwirft den gesetzlichen Güterstand den Bestimmungen des BGB. über Gütertrennung; für vertragsmäßige Güterstände sowie für das Anwendungsgebiet des bäuerlichen ehelichen Güterrechts bleibt das bisherige Recht bestehen. In Lippe gilt für Ehen mit Gütertrennung von jetzt an das BGB., für Ehen mit allgemeiner Gütergemeinschaft verbleibt es bei der Gütergemeinschaftsordnung von 1786.

[4]) Die Ueberleitungsbestimmungen der einzelnen Bundesstaaten erstrecken sich, entsprechend dem bisher in ihnen anerkannten Domizilprinzip, auf alle bei Eintritt der Rechtskraft des BGB. im Lande wohnhaften Ehegatten, deren Güterstand auf einem im Lande geltenden Gesetze beruht. Bei Rechtsquellen, deren Geltung sich bis 1900 auf verschiedene Bundesstaaten erstreckte, wird kein Unterschied gemacht,

verträgen getroffenen besonderen Bestimmungen bleiben überall aufrechterhalten.

Im internationalen Verkehr gilt nach dem BGB. (EG. 15) das Nationalitätsprinzip [1]). Ist der Ehemann zur Zeit der Eheschließung ein Deutscher, so bleibt sein eheliches Güterrecht, auch wenn er seinen Wohnsitz im Auslande hat oder ein ausländisches Bürgerrecht gewinnt, den deutschen Gesetzen unterworfen, während die Ehen von Ausländern nach dem Rechte des Staates beurtheilt werden, dem der Ehemann zur Zeit der Eheschließung angehörte, auch wenn er seinen Wohnsitz in Deutschland hat oder nach der Eheschließung das deutsche oder ein anderes Staatsbürgerrecht erwirbt.

---

ob der Güterstand des einheimischen Rechts durch den ersten Wohnsitz im Lande selbst oder außerhalb Landes, aber nach einem auch im Lande geltenden Rechte begründet worden ist. Hinsichtlich derjenigen Einwohner, deren Güterstand auf einem nicht im Lande geltenden Rechte beruht, wird in Preußen, Bayern, Hessen, Oldenburg, Sachsen-Altenburg, Gotha, Meiningen, beiden Reuß, beiden Schwarzburg, Waldeck und Elsaß-Lothringen auf die Ueberleitungsbestimmungen des Landes, dem das betreffende Gesetz angehört, verwiesen (vgl. für Preußen VO. betr. den Güterstand bestehender Ehen, v. 20. Dez 1890); die übrigen Bundesstaaten belassen es hier einfach bei dem bisherigen Rechte. Demnach werden Ehegatten, die nach Frankfurter Recht geheirathet haben und in Baden oder Württemberg wohnen, auch fernerhin nach der Frankfurter Reformation beurtheilt, während sie in Preußen, Hessen oder Bayern den Bestimmungen des BGB. über Errungenschaftsgemeinschaft unterliegen. Das badische Ausführungsgesetz führt noch in einer anderen Richtung zu Ungereimtheiten, indem es auf Grund des Nationalitätsprinzips auch die außerhalb Badens wohnhaften badischen Staatsbürger ergreifen soll. Da Preußen und Bayern die Fahrnißgemeinschaft des Badischen LR. ebenso wie die des Code civil in die Fahrnißgemeinschaft des BGB. überleiten, so müssen badische Ehegatten, die in Preußen oder Bayern ihren Wohnsitz haben, von den Gerichten ihres Wohnsitzes nach dem BGB., von den badischen Gerichten nach dem Badischen LR. beurtheilt werden.

[1]) Das Nationalitätsprinzip muß auch auf solche Ausländer angewendet werden, die schon vor 1900 in Deutschland ansässig gewesen und bis dahin von den deutschen Gerichten nach dem Domizilprinzip beurtheilt worden sind. Wo aber das heimische Recht des ausländischen Ehemannes selbst dem Domizilprinzip huldigt, wie bei Engländern und Amerikanern, da ist das Recht des ersten Ehewohnsitzes, gegebenenfalls also auch das deutsche Recht, maßgebend (E.G. 27, sogenanntes Prinzip der Rückverweisung).

§ 1. Die Verwaltungsgemeinschaft[1]).

BGB. §§ 1363—1425. Unzner, bei Planck, Bürgerl. Gesetzbuch IV, 98—182. A. B. Schmidt u. Habicht, Familienrecht (Hölder, Kommentar zum BGB., Band IV), 184—331. Cosack, Lehrbuch des deutsch. bürg. Rechts II, 433—459. Endemann, Einführung in das Studium des BGB. II[3], §§ 174—180. Matthiaß, Lehrbuch des Bürgerl. Rechts II[3], §§ 86—89. Enneccerus u. H. O. Lehmann, Das Bürgerl. Recht II, 294—316. Hachenburg, Das Bürgerl. Gesetzbuch[2]. 381—420.

Das Wesen der ehelichen Verwaltungsgemeinschaft (Güterscheidung, Güterverbindung, Gütereinheit) ist in zwei deutschen Rechtssprichwörtern treffend ausgedrückt: „Mann und Weib haben kein gezweiet Gut bei ihrem Leib", und: „Frauengut soll weder wachsen, noch schwinden". Damit ist ausgesprochen, daß der Mann von Rechts wegen das Vermögen der Frau für die Dauer der Ehe in Verwaltung und Nutznießung (§ 1363), dafür aber den ehelichen Aufwand allein zu tragen (§ 1389) und bei Auflösung der Ehe das eingebrachte Gut der Frau unvermindert herauszugeben hat (§ 1421). Dies Recht der Verwaltung und Nutznießung behandelte schon der zweite Entwurf als eine familienrechtliche Befugniß, die dem Manne als Oberhaupt des Hauses in derselben Weise wie dem Vater an dem Vermögen der

---

1) Nach den Landesausführungsgesetzen finden die Bestimmungen des BGB. über den gesetzlichen Güterstand auch Anwendung auf folgende vor 1900 begründete Güterstände. 1. Auf die Verwaltungsgemeinschaft oder den ehemännlichen Nießbrauch des ALR., des gemeinen Sachsenrechts, des Sächsischen BGB., der oldenburgischen Gesetze für das Herzogthum Oldenburg (1873) und das Fürstenthum Lübeck (1879), des lübischen Rechts in der freien Stadt Lübeck, in Holstein und (für den Fall kinderloser Ehe) in Pommern, der Schaumburger Polizeiordnung von 1615 (in Schaumburg-Lippe und Holstein), der Hennebergischen LO. und einiger anderen Partikularrechte in Sachsen-Meiningen sowie der in Reuß älterer und jüngerer Linie und in Schwarzburg-Rudolstadt geltenden Rechtsquellen. 2. Auf den Güterstand des gemeinen Dotalrechts in Hessen und beiden Mecklenburg und, mit Ausnahme des vertragsmäßigen Dotalrechts, in Preußen, Bayern und Waldeck-Pyrmont, sowie den des österreichischen Rechts in Bayern; das Heirathsgut (Dos) und alles der Ver-

Hauskinder zusteht [1]). Damit war der engherzige sachenrechtliche Standpunkt des ehemännlichen Nießbrauches, den der erste Entwurf aus dem Sächsischen BGB. übernommen hatte, aufgegeben. Im Verfolg dieser durch und durch undeutschen Auffassung, die in dem Ehemanne nur einen Nutznießer und Verwalter fremder Sachen erblickte, hatte der erste Entwurf zahlreiche, im Prozeßwege zu entscheidende Streitigkeiten unter Ehegatten vorgesehen. Der veränderte Standpunkt des BGB. bringt es mit sich, daß die Erledigung derartiger Streitigkeiten ausschließlich der Zuständigkeit des Vormundschaftsgerichts überwiesen wird [2]).

Das der Verwaltung und Nutznießung des Mannes unterworfene Vermögen der Frau wird im Anschluß an die Terminologie des preußischen allgemeinen Landrechts als „eingebrachtes Gut“ bezeichnet

---

waltung des Mannes ohne Vorbehalt überlassene Frauengut gilt als Eingebrachtes, alles übrige am 1. Jan. 1900 vorhandene als Vorbehaltsgut. Eine Mittelstellung nimmt Braunschweig ein, indem es nur das Heirathsgut als Eingebrachtes behandelt, dagegen alles übrige Vermögen der Frau, mit Einschluß ihres gesammten seit 1900 gemachten Erwerbes, den Bestimmungen des BGB. über Gütertrennung unterwirft. 3. Auf den Güterstand der Verwaltungsgemeinschaft nach französischem Recht (dem Preußen und Bayern das Badische LR. gleichstellen), wenn durch Ehevertrag die gesetzliche Fahrnißgemeinschaft einfach ausgeschlossen ist. 4. Auf den Güterstand des märkischen Provinzialrechts (Joachimica), indem das dem überlebenden Ehegatten zustehende Wahlrecht bei der Auseinandersetzung als erbrechtliche Wirkung des ehelichen Güterstandes aufrechterhalten wird. 5. Auf die zu einer bloßen Gemeinschaft des Zugewinnstes umgestaltete Errungenschaftsgemeinschaft des althessischen Rechts, des Mainzer und Solmser Landrechts in Bayern und dem Oberlandesgericht Kassel, des Bayerischen LR., des Ansbacher, Nürnberger, Augsburger und Dompropsteilichen Bamberger Rechts sowie verschiedener in S.-Meiningen und S.-Koburg-Gotha geltender Statutarrechte. Das Recht der überlebenden Frau auf Theilung des Ehegewinnstes, nach Bayer. LR. auch das Recht des überlebenden Ehegatten auf die halbe Hausfahrniß, bleibt als erbrechtliche Wirkung des Güterstandes in alter Weise aufrechterhalten.

[1]) So lange die Frau minderjährig ist, erhält zwar der Mann, wofern die Eheschließung mit Einwilligung ihrer Eltern oder der Vormundschaft erfolgt ist, die Verwaltung und Nutznießung ihres Vermögens, die Vertretung der Frau in allen ihre Person angehenden Rechtsangelegenheiten, das gesetzliche Zustimmungsrecht bei Willenserklärungen derselben und der der volljährigen Ehefrau zustehende Theil eigener Vermögensverwaltung verbleibt aber dem Träger der elterlichen Gewalt oder dem Vormunde. Vgl. §§ 1633, 1661, 1800. Motive IV. 164 f., 828, 1195. Dasselbe gilt in anderen Fällen beschränkter Geschäftsfähigkeit der Frau.

[2]) Vgl. Ges. über die Angel. d. freiw. Gerichtsbarkeit, v. 17. Mai 1898, § 45,

(§ 1363). Den Gegensatz dazu bildet das **Vorbehaltsgut** (in der Schweiz „Sondergut“) der Frau (§ 1365), das nach den Grundsätzen der Gütertrennung (S. 43 f.) behandelt wird (§ 1371) und von den vielfachen Einmischungen und Beschränkungen, die das allgemeine Landrecht (ALR. II, 1 §§ 223 ff., 319) dem Ehemanne auch hier gestattet, befreit ist; zu den ehelichen Lasten hat das Vorbehaltsgut nur insoweit beizusteuern, als der Mann nicht schon durch die Nutzungen des Eingebrachten einen angemessenen Beitrag erhält. Verbindlichkeiten der Frau, die durch Beziehungen des Vorbehaltsgutes oder während der Ehe durch unerlaubte Handlungen entstanden sind, sowie aus derartigen Verbindlichkeiten herrührende Prozeßkosten, hat das Vorbehaltsgut zu tragen oder dem Manne für Rechnung des Eingebrachten zu ersetzen[1]). Ebenso wird umgekehrt für Auslagen des Vorbehaltsgutes zu Gunsten des Eingebrachten Ersatz aus dem letzteren geleistet (§ 1417). Das Vorbehaltsgut beruht theils auf Rechtsgeschäft, theils auf Gesetz. Rechtsgeschäftliches Vorbehaltsgut kann nicht durch einseitige Willenserklärung der Frau, sondern nur durch Ehevertrag, bei Schenkungen und letztwilligen Zuwendungen Dritter auch durch einseitige Bestimmung des Schenkers oder Erblassers begründet werden[2]). Die Begründung durch Ehevertrag ist auch während der Ehe zulässig[3]); ebenso kann bisheriges Vorbehaltsgut durch Ehevertrag für eingebrachtes Gut erklärt werden[4]). Gegenstand des Vorbehaltes können nur bestimmte einzelne

---

[1]) BGB. §§ 1414 ff. Von den der Frau durch Urtheil auferlegten Prozeßkosten trägt das Vorbehaltsgut insbesondere die aus einem Rechtsstreite mit dem Manne, ferner die aus einem Rechtsstreite mit Dritten, wenn das Urtheil in Ansehung des eingebrachten Gutes unwirksam ist. Ausnahmen siehe Seite 29, Anm. 1. Die Unterhaltung der für die Frau nothwendigen Kleider und sonstigen Gebrauchsgegenstände fällt theils unter die dem Manne obliegende gesetzliche Unterhaltungspflicht, theils unter den von ihm zu tragenden ehelichen Aufwand (1360, 1389, 1. 1427, 1). Alles nicht nothwendige Frauengeräthe (z. B. Klavier, Fahrrad, falls nicht der Beruf der Frau solche Dinge erfordert) steht zu Lasten der Frau. Vgl. **Unzner** zu § 1366.

[2]) BGB. §§ 1368, 1369. Erfolgt die Zuwendung vor Eintritt der Verwaltungsgemeinschaft, so bedarf es eines Ehevertrages. Vgl. **Unzner** zu § 1369, Note 2. Ebenso bei Schenkungen des Mannes, die nach seiner Bestimmung der Frau zu Vorbehaltsrecht gehören sollen.

[3]) Vgl. **Unzner**, a. a. O. IV. 105.

[4]) Auch solches, das durch Bestimmung des Schenkers oder Erblassers Vorbehaltsgut geworden ist.

Vermögensbestandtheile sein; der Vorbehalt zukünftigen Vermögens oder eines Bruchtheils des Vermögens der Frau ist unwirksam[1]).

Gesetzliches Vorbehaltsgut ist alles, was die Frau durch ihre Arbeit erzeugt oder verdient oder durch den selbstständigen Betrieb eines Erwerbsgeschäftes gewinnt[2]), eine wesentliche Neuerung des BGB. und aus Gründen der Sozialpolitik dem bisherigen Rechtszustande entschieden vorzuziehen[3]), da nach diesem der Mann an dem Arbeits- und Geschäftserwerbe seiner Ehefrau entweder ganz wie an den Erträgen ihres Eingebrachten das Eigenthum, oder, wo dies gewahrt bleibt, doch das Recht der Verwaltung und Nutznießung erhält[4]).

Eine eigenthümliche Mittelstellung zwischen dem Vorbehalts- und dem eingebrachten Gute sollten nach dem Entwurfe die der Frau gehörigen, ausschließlich zu ihrem persönlichen Gebrauche bestimmten

---

[1]) Vgl. Unzner IV 104 f., 192. Nur eine zukünftige Erbschaft kann nach Maßgabe des § 312, 2 für Vorbehaltsgut erklärt werden. Vorbehalt des ganzen gegenwärtigen und zukünftigen Vermögens der Frau bedeutet vertragsmäßige Gütertrennung. Vorbehalt ihres ganzen gegenwärtigen Vermögens bedeutet Vorbehalt aller einzelnen dasselbe bildenden Vermögensbestandtheile. In diesem Sinne wird in den vor 1900 geschlossenen Ehen mit Dotalrecht das ganze bisherige Paraphernalgut durch die Ueberleitungsgesetze für Vorbehaltsgut erklärt.

[2]) BGB. § 1367. Was die Frau für den Hausstand oder das Geschäft des Mannes arbeitet, fällt unter die Bestimmung des § 1356, 2. Hat der Mann ihr einen Gehalt ausgesetzt, so gilt dieser als freier Arbeitserwerb, demnach als Vorbehaltsgut. Andere Beispiele: Erzeugnisse der Schriftstellerei oder Kunstfertigkeit der Frau, Ausstellungs- und andere Preise für ihre Leistungen, aller gewerbliche Verdienst, auch Honorare, Trinkgelder, Renten im Bereiche der Arbeiterversicherung u. dgl. m.

[3]) Damit werden in den minder bemittelten Klassen, bei denen die Ehefrau genöthigt ist, auch ihrerseits auf Erwerb auszugehen, für die letztere alle Vortheile, die sonst nur mit dem System der Gütertrennung verbunden sind, gesichert, während in vermögenden Kreisen durch Eheverträge, bei Schenkungen oder letztwilligen Zuwendungen an die Frau durch Vorbehalt die gleiche Wirkung herbeigeführt werden kann. Die von den Freunden der Frauenemanzipation erhobenen Angriffe gegen das eheliche Güterrecht des BGB. sind daher völlig unberechtigt. Der Gefahr, daß die Ehefrau durch selbstständige Erwerbsthätigkeit wider den Willen des Mannes ihren häuslichen Verpflichtungen entzogen werden könnte, ist durch die §§ 1354, 1356, 1358, 1405, 1567 f. vorgebeugt. Vgl. Schweiz. Vorentwurf 217.

[4]) Vgl. ALR. II, 1 §§ 211, 219 f., Sächs. BGB. § 1668, Oldenb. Gesetz v. 24. April 1873, Art. 2, Lübecker Gesetz v. 15. Febr. 1862, § 2.

Gegenstände, wie Kleider und Schmucksachen, einnehmen, indem diese zwar nicht unter den Begriff des gesetzlichen Vorbehaltsgutes fielen (da während der Ehe ihre Beschaffung und Ergänzung zu den dem Manne obliegenden Ehelasten gerechnet wird), andererseits aber dem Manne auch nicht das Recht zustehen sollte, die Frau im Gebrauche zu beeinträchtigen. Der Entwurf (§ 1354) drückte dies in wenig geschickter Weise dahin aus, daß die genannten Sachen „nicht der Nutznießung des Mannes unterliegen“ [1]). Hier haben die Beschlüsse des Reichstages eine wesentliche Verbesserung herbeigeführt, indem das BGB., in Uebereinstimmung mit dem preußischen und oldenburgischen Recht und dem schweizerischen Entwurfe, das gesammte Frauengeräthe, d. h. alle der Frau gehörigen und ausschließlich zu ihrem persönlichen Gebrauche bestimmten beweglichen Sachen, insbesondere Kleider, Schmucksachen und Arbeitsgeräthe, als gesetzliches Vorbehaltsgut behandelt [2]).

Eine wirkliche Mittelstellung nehmen die selbständigen Erwerbsgeschäfte der Ehefrau ein [3]). Wird das Geschäft ausschließlich mit

---

[1]) In der Hauptsache eine verschlechterte Fassung des Sächsischen BGB. § 1671: „An Gegenständen, welche zur Bekleidung, zum Schmucke oder sonst zum Gebrauche bloß für die Person der Ehefrau bestimmt sind, es mögen solche von ihr bei Eingehung der Ehe besessen oder später von dem Ehemanne aus seinem Vermögen angeschafft worden sein, steht der Ehefrau das Eigenthum und das Recht des unbeschränkten Gebrauches während der Ehe zu, und es hat der Ehemann bloß das Recht, zu hindern, daß die Ehefrau von diesen Gegenständen einen anderen, als den bezweckten Gebrauch macht.“ Die ursprüngliche Fassung kehrt in der Bestimmung des § 1650 für das entsprechende Vermögen der Hauskinder wieder, hier aber in durchaus berechtigter Weise, da der Träger der elterlichen Gewalt an ihrem „freien Vermögen“ zwar keine Nutznießung, wohl aber die Verwaltung hat; nur bei Schenkungen und letztwilligen Zuwendungen an das Kind kann ihm auch die Verwaltung entzogen werden (1638).

[2]) § 1366. Für den Begriff des Frauengeräthes kommt es nur darauf an, daß die Sachen dem Manne gegenüber zum ausschließlichen Gebrauche der Frau bestimmt sind. Die Zulassung dritter Personen zum Mitgebrauche kommt nicht in Betracht. Ueber die Unterhaltung des Frauengeräthes vgl. S. 16, Anm. 1.

[3]) Ein von der Frau selbständig betriebenes Geschäft setzt nicht nothwendig ihre persönliche Leitung voraus, es kann auch von ihrem Vertreter geführt werden, auch der Mann kann als Prokurist 2c. die Leitung übernehmen. Wenn dagegen der Mann die Leitung kraft seiner führenden Stellung übernimmt, so bleibt es zwar Geschäft der Frau, aber nur wie anderes eingebrachtes Gut, die Erträge des Geschäfts fallen nicht ihr zu, sondern als Erträge des Eingebrachten gehören sie dem

Vorbehaltsmitteln und einzig auf den Kredit des Vorbehaltsgutes betrieben, so bedarf es, um diese Beschränkung Dritten gegenüber wirksam zu machen, der Eintragung in das Güterrechtsregister (1371, 1431), dagegen ist die Zustimmung des Mannes hierzu nicht erforderlich[1]). Nur wenn die Frau infolgedessen ihre häuslichen Pflichten gröblich verletzt, kann er Einspruch erheben oder auf Wiederherstellung des ehelichen Lebens klagen; fügt sie sich nicht, so bleibt ihm nur die Klage auf Ehescheidung[2]). Will die Frau aber auch eingebrachtes Gut im Geschäft verwenden oder den Kredit ihres Eingebrachten dafür nutzbar machen, so bedarf es der ausdrücklichen oder stillschweigenden Genehmigung des Mannes, die zwar jederzeit, aber mit voller Wirkung gegen Dritte nur unter Eintragung in das Güterrechtsregister zurückgezogen werden kann[3]). Insoweit unterliegen also derartige Erwerbsgeschäfte der Verwaltung des Mannes und gehören als Ganzes zu dem eingebrachten Gute, das auch für die Schulden aus dem Geschäft haftet (§§ 1405, 1411, 1414, Civ.-Pr.O. 741). Aber im Bereich ihres Geschäftsbetriebes handelt die Frau vollkommen selbständig[4]); einseitige Rechtsgeschäfte, wie Kündigungen, Präsentationen, Protesterhebungen u. dgl. sind ausschließlich ihr gegenüber vorzunehmen, für die Geschäftsgläubiger genügt ein gegen die Frau ausgewirktes rechtskräftiges Urtheil zur Zwangs-

---

Manne und die neu entstehenden Geschäftsschulden sind Schulden des Mannes, nicht Schulden der Frau. Vgl. Unzner, a. a. O. zu § 1367, Note 3. Cosack, a. a. O. IV. 454. Die Betheiligung der Frau an einer offenen Handelsgesellschaft oder als persönlich haftende Gesellschafterin einer Kommanditgesellschaft steht dem selbständigen Betriebe eines Erwerbsgeschäftes gleich, nur wegen der von ihr übernommenen Geschäftsführung steht dem Manne unter den Voraussetzungen des § 1358 ein Kündigungsrecht zu.

[1]) Die bisherige allgemeine Beschränkung für Handelsfrauen (HGB. 7) ist in das neue HGB. nicht übergegangen. Vgl. Schweiz. Vorentwurf 186.

[2]) BGB. § 1567 f. Eine Zwangsvollstreckung giebt es bei der Klage auf Herstellung des ehelichen Lebens nicht. Vgl. Civ.-Pr.-O. 888, 2.

[3]) § 1405 (gilt auch für inländische Erwerbsgeschäfte von Ausländern oder naturalisirten Inländern, EG. 16, 2. 36, 1). Vgl. ALR. II, 1 § 195.

[4]) Vgl. § 1405, 1. EG. 36, 1. ALR. II, 1 §§ 335 ff. Altes HGB. 8. Die Handelsfrau kann ohne Genehmigung ihres Mannes in das Börsenregister eingetragen werden, während dies bei anderen Frauen, ohne Rücksicht auf den Güterstand, nur mit Zustimmung des Ehemannes zulässig ist. Börs.-Ges. v. 22. Juni 1896 §§ 58, 63. Neues HGB., EG. 14.

vollstreckung in das vom Manne verwaltete eingebrachte Gut[1]), und das Nutznießungsrecht des Mannes erstreckt sich auf das von der Frau betriebene Geschäft nicht, der aus demselben erzielte Gewinn gehört, wie schon bemerkt wurde, zu dem gesetzlichen Vorbehaltsgute[2]).

Außer dem Frauengeräthe und dem Arbeits- und Geschäftserwerbe der Frau gehört zu dem gesetzlichen Vorbehaltsgute[3]): 1. aller Erwerb der Frau „auf Grund eines zu ihrem Vorbehaltsgute gehörenden Rechtes", d. h. alle ordentlichen wie außerordentlichen Früchte des Vorbehaltsgutes[4]); 2. als gesetzliches Surrogat aller Ersatz für die Zerstörung, Beschädigung oder Entziehung eines Vorbehaltsgegenstandes[5]); 3. als rechtsgeschäftliches Surrogat aller Erwerb der Frau durch ein auf das Vorbehaltsgut bezügliches Rechtsgeschäft[6]).

Im Uebrigen gilt alles, was die Frau zur Zeit der Eheschließung hat oder während der Ehe erwirbt (auch Geschenke des Mannes, da das römische Verbot der Schenkungen unter Ehegatten keine Aufnahme

---

[1]) BGB. § 1414, EG. 36 (für im Inlande wohnende Ausländer). Civ.-Pr.-O. 741. Anders nur, wenn der Mann seine Erlaubniß zur Führung des Geschäfts widerrufen hat und dies schon zur Zeit der Klageanstellung in das Güterrechtsregister eingetragen ist.

[2]) Ganz entsprechend die zu dem „freien Vermögen" gerechneten selbständigen Erwerbsgeschäfte von Hauskindern (1651, 1). Nach dem Schweiz. Vorentwurf 217 gehört ein von der Frau selbständig betriebenes Erwerbsgeschäft auch seinem Bestande nach zu ihrem „Sondergute".

[3]) Die Bestimmung des § 1370, die im BGB. mehrfach wiederkehrt (vgl. §§ 1473, 1524, 1. 1638, 2. 2041, 2111), ist in ihrer abstrakten Fassung keine glückliche; sachlich ist nichts gegen sie einzuwenden.

[4]) Daß die Früchte des Vorbehaltsgutes in der Hand der Frau bleiben und nicht zu dem eingebrachten Gute gehören, ergiebt sich auch aus § 1371. Nach § 1370 gilt dies aber auch von Lotteriegewinnen, Preisen, Schatzantheilen und anderen zufälligen Einnahmen, die auf eine zum Vorbehaltsgute gehörige Sache fallen.

[5]) Versicherungssummen, Schadenersatz, Entschädigung bei Enteignungen, Ablösungen, Verkoppelungen u. dgl. m.

[6]) So namentlich alles was mit Mitteln des Vorbehaltsgutes durch Kauf- oder Tauschvertrag erworben wird, Gegenleistungen für die Abtretung oder Aufgabe von Rechten oder für die Einräumung von dinglichen Rechten, Leistungen von Schuldnern des Vorbehaltsgutes, aber auch Sachen und Rechte, die für das Vorbehaltsgut angeschafft werden (z. B. Inventarstücke), selbst wenn die Anschaffung zunächst nur auf den Kredit des Vorbehaltsgutes erfolgt ist. Vgl. Unzner zu § 1370.

in das BGB. gefunden hat)[1]) als **eingebrachtes Gut** und ist der Verwaltung und Nutznießung des Mannes unterworfen[2]). Jeder Ehegatte hat das Recht, die gemeinschaftliche Aufnahme eines Verzeichnisses und die durch Sachverständige zu bewirkende Feststellung des Zustandes des Eingebrachten zu verlangen (1372). Die obligatorische Bedeutung, die das französische Recht dem Vermögensverzeichnisse zum Theil beilegt, hat das BGB. nicht angenommen.

Die in dem bisherigen Rechte bestehende Erweiterung der präsumtio Muciana, wonach alle im Besitz eines der Ehegatten oder beider Ehegatten befindlichen beweglichen Sachen als Eigenthum des Mannes angesehen werden, hatte sich auch der Entwurf des BGB. angeeignet, nur bei den ausschließlich zum persönlichen Gebrauche der Frau bestimmten Sachen sollte keine Rechtsvermuthung platzgreifen und hinsichtlich des über die Bestimmung des Entwurfes noch hinausgehenden § 37 der Konkursordnung eine etwaige Abänderung bei Gelegenheit der Revision dieses Gesetzes vorbehalten bleiben[3]). Bei der heutigen Stellung des weiblichen Geschlechts muß die praesumtio Muciana als eine Unbilligkeit erscheinen und es verdient Anerkennung, daß der Reichstag die Rechtsvermuthung, soweit es sich um das Verhältniß der Ehegatten untereinander handelt, beseitigt und sie nur zu Gunsten der **Gläubiger** des Mannes aufrechterhalten hat[4]). Die Rechtsvermuthung beschränkt sich auf bewegliche Sachen, Inhaber- und Blankopapiere. Sie bezieht sich nicht auf Forderungen, Namenpapiere und Orderpapiere ohne Blankogiro, weil hier die Person des Berechtigten feststeht. Bei

---

[1]) Römisch nach Code civ. 1096. Sächs. BGB. 1647. Anders ALR. II. 1, § 310.

[2]) In den vor 1900 geschlossenen Ehen, in denen bisher Errungenschaftsgemeinschaft nach einem in Sachsen-Coburg-Gotha oder Sachsen-Meiningen geltenden Statutarrecht bestanden hat, gilt die eine Hälfte der am 1. Jan. 1900 vorhandenen Errungenschaft als eingebrachtes Gut der Frau, die andere als Eigenthum des Mannes. Ueber Ehen mit Dotalrecht vgl. S. 14 Anm. 1.

[3]) Vgl. Entw. I § 1282, II § 1262, III § 1347, IV § 1345. Schweiz. Vorentwurf 205, 2. 209, 2. 230, 2. ALR. II, 1 § 544. **Roth**, Deutsches Privatrecht II, 225. Das Sächs. BGB. 1656 beschränkt die Vermuthung auf die in der Wohnung des Mannes befindlichen Sachen.

[4]) Vgl. § 1362, 1. Die Rechtsvermuthung greift auch bei ausländischen Ehegatten, die ihren Wohnsitz im Inlande haben, und unter derselben Voraussetzung bei nachträglich naturalisirten Reichsangehörigen platz (EG. 16, 2).

Rechten an Grundstücken wird sie durch die Rechtsvermuthung zu Gunsten der Grundbucheinträge (891), bei Vorbehaltsgut durch die Eintragung in das Güterrechtsregister (1431, 1435) gebrochen[1]). Bei den ausschließlich zum persönlichen Gebrauche der Frau bestimmten Sachen (dem Frauengeräthe) sollte nach dem Entwurfe keine Rechtsvermuthung platzgreifen[2]), hier aber ist auf Beschluß des Reichstages eine Aenderung dahin getroffen, daß eine positive Rechtsvermuthung zu Gunsten der Frau, und zwar nicht bloß im Verhältniß zu den Gläubigern, sondern auch im Verhältniß der Ehegatten untereinander stattfindet[3]).

Da die ins Auge gefaßte Aenderung der Konkursordnung nicht erfolgt ist, vielmehr § 45 der neuen Konkursordnung lediglich den früheren § 37 wiederholt, so werden für den Fall des Konkurses des Ehemannes alle übrigen Rechtsvermuthungen gebrochen, sobald feststeht, daß ein Vermögensgegenstand erst während der Ehe erworben worden ist; hier wird zu Gunsten der Konkursgläubiger vermuthet, daß der Erwerb mit Mitteln des Mannes erfolgt sei, und zwar selbst bei Rechten an Grundstücken, bei Forderungen, Namen- und Orderpapieren und bei Gegenständen des Vorbehaltsgutes. Es ist daher Sache der Frau, den Gegenbeweis zu führen, sei es durch Nachweis ihres von dem Manne unabhängigen Erwerbes oder unter Bezugnahme auf eine dem Anfechtungsrechte der Gläubiger nicht unterliegende Uebertragung auf sie von Seiten des Mannes.

Ausgeschlossen ist die Rechtsvermuthung der Konk.-O. § 45 bei Haushaltsgegenständen, die der Mann an Stelle der von der Frau eingebrachten, nicht mehr vorhandenen oder werthlos gewordenen

---

[1]) Die Rechtsvermuthung des § 1006 zu Gunsten des Besitzers einer beweglichen Sache kommt gegenüber § 1362 nicht zur Geltung, da es bei diesem gleichgiltig ist, welcher Ehegatte die Sache besitzt.

[2]) Vgl. S. 18 Anm. 2. Motive zum ersten Entwurf IV, 166.

[3]) § 1362, 2. Zu Gunsten der Gläubiger der Frau kommt auch diese Bestimmung ebenso bei Ausländern und Naturalisirten, die im Inlande wohnen, zur Anwendung (EG. 16, 2). Da die das Frauengeräthe bildenden Gegenstände, soweit sie Eigenthum der Frau sind, als gesetzliches Vorbehaltsgut gelten (S. 18), so spricht die Rechtsvermuthung des § 1362, 2 zugleich zu Gunsten des Vorbehaltsgutes, so daß es der sonst vorgeschriebenen Eintragung in das Güterrechtsregister hier nicht bedarf. Das Sächs. BGB. § 1671 begnügt sich nicht mit einer Rechtsvermuthung, sondern erklärt im Anschluß an die altsächsische Gerade die erwähnten Gegenstände schlechthin für Eigenthum der Frau.

Stücke anschafft. Sie sind gesetzliches Surrogat des Eingebrachten und daher Eigenthum der Frau, auch wenn der Mann sie aus eigenen Mitteln angeschafft hat[1]). Durch diese sinnreiche Bestimmung wird die altsächsische Gerade als ein wandelbarer Vermögensinbegriff, unter zweckmäßiger Verallgemeinerung des Surrogationsprinzips, wieder neu in das Rechtsleben eingeführt[2]). Außerdem werden alle beweglichen Sachen, Inhaber- und Blankopapiere, die der Mann mit Mitteln des eingebrachten Gutes und nicht absichtlich zu anderen Zwecken erwirbt, von Rechts wegen Eigenthum der Frau (1381, 1), also auch hier das Surrogationsprinzip, entgegen dem in dem bisherigen Rechte vorherrschenden Erstattungsprinzip, wonach der Mann das Eigenthum erwirbt und die Frau nur einen Ersatzanspruch gegen ihn erhält[3]). Die objektive Voraussetzung der Surrogation ist der von der Frau zu beweisende Erwerb aus Mitteln des eingebrachten Gutes[4]), während es

---

[1]) § 1382. Aehnlich schon ALR. II, 1 § 560: „Sind an die Stelle der nicht mehr vorhandenen Stücke andere angeschafft worden, so können die Frau oder deren Erben die letzteren statt der eingebrachten zurücknehmen." Wesentlich ist, neben dem objektiven Thatbestande das Ersatzes der alten Sachen durch neue, die Absicht des Mannes, einen solchen Ersatz zu beschaffen. Es genügt, wenn diese Absicht aus den Umständen irgendwie hervorgeht. Wird z. B. für ein abgespieltes Klavier, das die Frau in die Ehe eingebracht hat, zum Gebrauche in der Familie ein neues, ungleich werthvolleres Instrument angeschafft, so wird das letztere sofort Eigenthum der Frau, gleichviel ob das alte Klavier veräußert oder nur bei Seite gestellt wurde, um blos noch zum Ueben der Kinder verwendet zu werden. Dagegen muß die Ersatzabsicht ausdrücklich ausgesprochen werden, wenn statt eines für die Familie bestimmten Klaviers ein neuer Konzertflügel angeschafft wird. Gegenstände des Frauengeräthes werden im allgemeinen nicht unter die Bestimmung des § 1382 fallen, da sie für den persönlichen Gebrauch der Frau und nicht für den Haushalt bestimmt sind; anders insbesondere die für die wirthschaftliche Thätigkeit oder geschäftliche Beihilfe der Hausfrau bestimmten Kleidungsstücke und Geräthschaften.

[2]) Selbstverständlich kommt es nicht darauf an, daß die Ergänzung des Hausrathes Stück für Stück erfolgt ist. Nur ganz neu angeschaffte Sachen, von denen früher Nichts vorhanden war, werden von der Surrogatseigenschaft nicht ergriffen. Die Hausrathsgemeinschaft des bayerischen Landrechts von 1756, Buch I, Kap. 6, § 21, beruht ebenfalls schon auf der Auffassung des Hausrathes als eines Vermögensinbegriffes.

[3]) Vgl. ALR. II, 1 §§ 240 f., Sächs. BGB. § 1676. Roth, Deutsches Privatrecht II, 208 f. Schweiz. Vorentwurf 206.

[4]) Was der Mann mit eigenen Mitteln oder Mitteln eines Dritten erwirbt, wird sein Eigenthum; dies muß auch bei der Verwendung von Mitteln des Vorbehaltsgutes gelten, wofern der Mann die Erwerbung nicht ausdrücklich im Namen seiner Frau gemacht hatte.

bei den Ersatzanschaffungen im Haushalte keinen Unterschied macht, woher die Mittel gekommen sind. Die subjektive Voraussetzung, daß der Mann für Rechnung des eingebrachten Gutes erwerben wollte, braucht nicht bewiesen zu werden; es ist Sache des Gegners, den Beweis zu führen, daß der Mann seinen Willen, nicht für Rechnung des eingebrachten Gutes zu erwerben, ausdrücklich ausgesprochen oder in erkennbarer Weise bethätigt hat[1]). Die Surrogation findet auch Anwendung bei der Abtretung von Forderungen an den Mann[2]) und bei dem Erwerbe von dinglichen Rechten an beweglichen Sachen, Inhaber- oder Blankopapieren (1381, 2. 398), dagegen fällt sie weg bei dem Erwerbe von Grundstücken und gebuchten Rechten, bei Namen- und Orderpapieren (ohne Blankogiro) und bei hypothekarischen Forderungen (1154), da in allen diesen Fällen die Persönlichkeit des Berechtigten ausdrücklich festgestellt wird.

Der Mann ist berechtigt, das gesammte eingebrachte Gut der Frau in Besitz zu nehmen[3]). Mit dem Verwaltungsrechte des Mannes war im Mittelalter das unbeschränkte Recht der Fahrnißveräußerung, vorbehaltlich seiner Ersatzpflicht, verbunden. Der Grund dafür lag in der damals noch vorherrschenden Naturalwirthschaft, die alle beweglichen Sachen als Tauschmittel, d. h. als Geld, behandelte. Den wirthschaftlichen und sozialen Verhältnissen der Gegenwart entspricht dieser Standpunkt, den das bisherige Recht im wesentlichen noch festhielt[4]), nicht mehr, aber die kleinliche Art, wie der sachenrechtliche Standpunkt des

---

[1]) Nur der vor oder bei der Erwerbung erklärte oder bethätigte Wille kann in Betracht kommen. Fehlt es an einer solchen, den Eigenthumserwerb der Frau ausschließenden Willenserklärung des Mannes, so kann er ihr das einmal erworbene Eigenthum durch eine nachträgliche Erklärung, daß er das nicht gewollt habe, nicht mehr entziehen.

[2]) Auch bei dem Uebergange von Rechts wegen.

[3]) BGB. § 1373. Die Besitznahme darf auch wider den Willen der Frau erfolgen.

[4]) Vgl. Roth, a. a. O. II, 214 f. ALR. II 1 § 247 (§ 233 nimmt nur auf den Namen der Frau oder ihrer Rechtsvorgänger geschriebene Kapitalien aus). Code civil 1531. Der Schweiz. Vorentwurf 209, 230 bindet den Mann im allgemeinen an die Einwilligung der Frau, deren Mangel aber einem gutgläubigen Dritten nicht entgegengesetzt werden kann. Geld und andere vertretbare Sachen des Frauengutes gehen in das Eigenthum des Mannes über, so daß die Frau nur einen Ersatzanspruch hat (229, 3).

ehemännlichen Nießbrauches in dem ersten Entwurfe und in dem sächsischen bürgerlichen Gesetzbuche das Verfügungsrecht des Mannes beschränkt, wurde von der Kritik mit Recht fast allgemein als unannehmbar bezeichnet. Das BGB. hält die rechte Mitte, indem es dem Manne innerhalb des Rahmens der ordnungsmäßigen Verwaltung des eingebrachten Gutes nicht blos die Herausgabe von Sachen an dritte Personen, denen gegenüber die Frau zur Herausgabe verpflichtet ist, und gegenüber den Gläubigern der Frau, soweit ihnen das eingebrachte Gut haftet, die Aufrechnung aller ihr zustehenden Gegenforderungen gestattet, sondern auch, unter dem Vorbehalte des Ersatzes, die Verfügung über Geld und andere verbrauchbare Sachen der Frau (1376)[1]). Dabei gelten als verbrauchbare Sachen auch die beweglichen Sachen und Sachinbegriffe, deren bestimmungsmäßiger Gebrauch in der Veräußerung besteht (92), also außer Geld, Banknoten und anderen, nicht zu dauernder Kapitalsanlage bestimmten Werthpapieren auch die Waarenbestände von Erwerbsgeschäften, die zum eingebrachten Gute der Frau gehören, so daß der Mann über die zum Verkaufe bestimmten Waarenbestände verfügen[2]) und, wenn er seiner Frau den selbständigen Betrieb nicht einräumen will, die Leitung des Geschäfts selbst in die Hand nehmen kann. Gehört ein Grundstück sammt Inventar zum eingebrachten Gute, so kann der Mann innerhalb der Grenzen ordnungsmäßiger Verwaltung über die einzelnen Inventarstücke verfügen; für die in dieser Weise ausgeschiedenen Stücke sowie für den gewöhnlichen

---

[1]) Die Beschränkung auf die Grenzen ordnungsmäßiger Verwaltung (1377, 1) besteht nur der Frau gegenüber, indem der Mann ihr bei Ueberschreitung dieser Grenzen verantwortlich ist. Dasselbe gilt von der Verpflichtung des Mannes, zum Eingebrachten gehöriges entbehrliches Geld mündelsicher verzinslich anzulegen (1377, 2). Ueber andere verbrauchbare Sachen hat er, vorbehaltlich seiner Ersatzpflicht, unbeschränkte Verfügung, selbst zu eigenen Zwecken (1377, 3). Der Entwurf wollte dem Manne auch die einseitige Einziehung unverzinslicher Forderungen der Frau gestatten, was aber durch den Reichstag abgelehnt wurde.

[2]) Und zwar auch dann, wenn er der Frau die selbständige Leitung des Geschäfts überlassen hat. Anders, wenn die Frau die Waarenbestände erst aus dem Gewinn ihres Geschäftes angeschafft hat, weil sie in diesem Falle Vorbehaltsgut sind. Vgl. Unzner zu § 1367, Note 3. Das Unzureichende der gesetzlichen Bestimmungen auf diesem Gebiete ist nicht zu leugnen, doch geht Hachenburg, a. a. O. 391 f., zu weit, wenn er das eingebrachte Gewerbekapital den Bestimmungen des § 1366 unterwerfen will.

Abgang hat er Ersatz zu beschaffen; die Ersatzstücke werden mit der Einverleibung in das Inventar eingebrachtes Gut (1378).

Im übrigen bedarf der Mann zu allen Verfügungen über den Bestand des Eingebrachten der Zustimmung der Frau[1]), doch findet gutgläubigen Dritten gegenüber auch bei unerlaubten Fahrnißveräußerungen des Mannes der Satz „Hand muß Hand wahren" Anwendung[2]). Handelt es sich um eine zur ordnungsmäßigen Verwaltung des Eingebrachten erforderliche Maßregel[3]), so kann der Mann statt der Zustimmung der Frau die Ermächtigung des Vormundschaftsgerichtes einholen, wenn die Frau entweder ihre Zustimmung ohne ausreichenden Grund verweigert oder die ertheilte Zustimmung widerruft, oder wenn sie durch Krankheit oder Abwesenheit an der Abgabe einer Erklärung verhindert ist und die Sache keinen Aufschub duldet[4]). Mieth- oder Pachtverträge über eingebrachte Grundstücke kann der Mann zwar ohne Mitwirkung seiner Frau abschließen, sie können aber nach Auflösung der Verwaltungsgemeinschaft von ihr oder ihren Erben unter Beobachtung der gesetzlichen Kündigungsfrist sofort gekündigt werden[5]).

---

[1]) Die aber auch ein- für allemal ertheilt werden kann, ohne daß es dafür eines Ehevertrages bedarf.

[2]) Vgl. S. 24, Anm. 3, BGB. §§ 932—935, 1207.

[3]) So bei Konversion von Werthpapieren, Kündigung von Forderungen oder Schulden der Frau, nothgedrungenen Verkäufen, Aufgabe oder Veräußerung eines der Frau gehörigen, nicht rentirenden Erwerbsgeschäftes, Anstellung des zur ordnungsmäßigen Verwaltung unentbehrlichen Hilfspersonals für ein von der Frau betriebenes Erwerbsgeschäft u. dgl. m. Nothwendige Ausgaben für die Familie fallen zunächst nicht unter diese Bestimmung, da sie zu Lasten des Mannes gehören; anders, wenn der Mann außer Stande ist, sich selbst und den Kindern den nöthigen Unterhalt zu beschaffen (1360, 2. 1603, 1606, 2. 1608 f.), ebenso bei der Aussteuer einer heirathenden Tochter (1620) und bei der Unterhaltungspflicht der Frau gegen ihre Vorfahren oder Sonderabkömmlinge (1601, 1604, 1) oder ihren geschiedenen früheren Mann (1578). Soweit der Mann diese Leistungen nicht aus den Einkünften des Vermögens zu bestreiten vermag (1386, 1, Satz 2), muß der Stammwerth des Frauengutes herhalten, auch dies gehört zur ordnungsmäßigen Verwaltung des letzteren.

[4]) BGB. § 1379. Ges. über die freiw. Gerichtsbk. §§ 45, 53. Die Bestimmung des § 1379 findet auch auf ein Erwerbsgeschäft der Frau Anwendung, soweit nicht das Geschäft selbst Vorbehaltsgut ist.

[5]) BGB. § 1423. Es finden dieselben Grundsätze Anwendung wie bei Mieth- und Pachtverträgen des Nießbrauchers nach Beendigung des Nießbrauches (1056).

Ueber den Stand der Verwaltung hat der Mann auf Verlangen der Frau Auskunft zu ertheilen (1374). Die ihm nach dem ersten Entwurfe obliegende peinliche Rechnungslegung mit ihren zahlreichen Anlässen zu prozessualen Zwischenfällen ist beseitigt. Den ehelichen Aufwand hat der Mann allein zu tragen, und die Frau kann verlangen, daß er die Reinerträge ihres Eingebrachten in erster Reihe, ohne Rücksicht auf sonstige Verpflichtungen, zur Bestreitung des für den Unterhalt der Familie Erforderlichen verwendet (1389). Sie kann diesen Anspruch jederzeit geltend machen (1394, 2) und, wenn ihm nicht genügt wird, auf Aufhebung der Verwaltungsgemeinschaft klagen (1418, 2).

Der Mann hat persönlich außer den Bestellungskosten u. dgl. auch den für die Erhaltung des eingebrachten Gutes in seinem wirthschaftlichen Bestande erforderlichen Aufwand, und zwar nach den für den Nießbraucher geltenden Bestimmungen, zu tragen[1]). Bei Ausbesserungen und Erneuerungen, welche die Grenzen der gewöhnlichen Unterhaltung übersteigen, kann er Ersatz aus dem eingebrachten Gute beanspruchen, wenn er die Aufwendung den Umständen nach für nöthig halten durfte[2]). Alle während der Verwaltungsgemeinschaft fällig werdenden öffentlichen Lasten, die der Frau obliegen, mit Ausnahme der auf den Stammwerth des Vermögens gelegten außerordentlichen Lasten und aller Lasten des Vorbehaltsgutes, hat der Mann zu tragen[3]), ebenso alle privatrechtlichen Lasten des eingebrachten Gutes[4]), und zwar Beides in der Weise, daß

[1]) BGB. §§ 1384, 1041—1043, 1045, 1048.

[2]) BGB. § 1390. Der Mann ist hier günstiger als der Nießbraucher gestellt (vgl. BGB. §§ 1049, 683 f.).

[3]) Auf den Stammwerth gelegte Lasten sind z. B. obrigkeitlich angeordnete Bauveränderungen, Kanalanschlüsse, Bürgersteiganlagen, Erbschaftssteuern, Kriegslasten u. dgl. m. Im Gegensatze zu dem Nießbraucher (1047) trägt der Mann nicht blos die auf dem Gute ruhenden Lasten (wie Vermögenssteuern), sondern auch die persönlichen, wie Gewerbesteuern, Versicherungsbeiträge im Bereiche der Arbeiterversicherung, ausgenommen bei solchen Erwerbsgeschäften der Frau, die auch ihrem Bestande nach zum Vorbehaltsgute gehören Vgl. Unzner zu § 1385, Note 1.

[4]) So bei der zugleich dinglichen und persönlichen Haftung für Reallasten (1107 f.), wie bei der reinen Sachhaftung für Grundschuldzinsen, Rentenschuldgefälle und solche Hypothekenzinsen, bei denen eine persönliche Schuld der Eigenthümerin nicht vorliegt (also bei Hypothek des Eigenthümers oder für die Schuld eines Dritten, wenn es sich darum handelt, durch Zahlung der Zinsen den Zwangsverkauf abzuwenden). Ist die Hypothek für eine Schuld der Frau bestellt, so kommt nicht § 1385, 2 sondern § 1386 zur Anwendung. Vgl. S. 28, Anm. 3.

er (soweit eine persönliche Verpflichtung überhaupt besteht) neben der Frau als Gesammtschuldner haftet, der Frau gegenüber aber unbedingt zur Alleinübernahme und daher gegebenenfalls zum Ersatze des von ihr Geleisteten verpflichtet ist[1]). Dasselbe gilt von den Versicherungsprämien u. dgl. für die zum eingebrachten Gute gehörigen Gegenstände[2]), ferner von der Verzinsung aller persönlichen Schulden der Frau, für die das eingebrachte Gut haftet, soweit nicht der Mann berechtigt ist, ihre Uebernahme auf das Vorbehaltsgut zu verlangen[3]), von den laufenden Leistungen für gesetzliche Unterhaltspflichten der Frau[4]), überhaupt von allen ihr obliegenden wiederkehrenden Leistungen, die bei ordnungsmäßiger Verwaltung aus den Einkünften des Vermögens bestritten werden[5]), endlich von den Kosten der von dem Manne um eingebrachtes Gut geführten Prozesse und den der Frau als Prozeßpartei auferlegten Kosten, soweit diese nicht dem Vorbehaltsgute zur Last

---

[1]) BGB. §§ 1385, 1388.

[2]) BGB. §§ 1385, 3. 1388. Dies gilt von jeder Versicherung, die der Mann für Rechnung der Frau (vgl. § 1045, 1) oder die Frau vor Eintritt der Verwaltungsgemeinschaft oder innerhalb ihrer gesetzlichen Befugnisse nach Eintritt derselben genommen hat. Auch Versicherungen für ein von der Frau betriebenes Erwerbsgeschäft, das nicht Vorbehaltsgut ist, gehören hierher. Ausgenommen sind Lebens- und andere Personalversicherungen. Günstiger als der Ehemann ist der Nießbraucher gestellt (vgl. § 1045, 2).

[3]) BGB. §§ 1386, 1388. Die Gesammthaftung des Mannes neben der Frau besteht auch für die Schuldzinsen eines von ihr betriebenen Erwerbsgeschäftes, das nicht Vorbehaltsgut ist, obwohl er von der Frau die Erstattung aus den Geschäftserträgen verlangen kann. Hypothekenzinsen für eine Schuld der Frau hat der Mann nicht zu bezahlen, wenn die Schuld nur das Vorbehaltsgut angeht. Vgl. Unzner zu § 1385, Note 2 und § 1386, Note 1.

[4]) BGB. §§ 1386, 1. 1388. Die Unterhaltspflicht und die Höhe der Unterhaltsbeiträge bemißt sich, im Gegensatze zu den Güterständen der Gütergemeinschaft, ausschließlich nach dem Vermögen der Frau (1604). Soweit dabei auch das Vorbehaltsgut in Betracht kommt, muß die Frau dem Manne aus diesem verhältnißmäßige Beiträge leisten (1371). Eine eigentliche Vertheilung der Last auf beide Vermögensmassen findet nicht statt. Anderer Meinung Unzner zu § 1386 Note 2.

[5]) BGB. §§ 1386, 1. 1388. Beispiele: der Frau obliegende Renten auf Grund des Haftpflichtgesetzes oder infolge von Schenkungen, Erbschaften, Vermächtnissen, oder auf Grund besonderer Verträge, freiwilliger Kranken- oder Unfallversicherung u. a. m. Kaufzieler und andere Abschlagszahlungen gehören nicht hierher, ebensowenig die Prämien für eine Lebensversicherung der Frau.

fallen[1]). Auch für die Kosten der Vertheidigung der Frau in einem gegen sie angestrengten Strafverfahren haftet der Mann neben ihr als Gesammtschuldner, soweit er die Aufwendung gebilligt hat oder die durch die Umstände gebotenen Grenzen nicht überschritten sind, er kann aber, wenn die Frau verurtheilt wird, Ersatz aus dem Vorbehaltsgute verlangen[2]). Auf das Vorbehaltsgut bezügliche Leistungen hat ausschließlich die Frau zu tragen; soweit der Mann mit dem eingebrachten Gute oder aus eigenen Mitteln dafür eingetreten ist, kann er Ersatz von ihr beanspruchen[3]).

Für die Schulden des Mannes ist das eingebrachte Gut nicht haftbar[4]), aber auch sein Nutznießungsrecht an demselben kann, entgegen dem bisher geltenden Rechte[5]), nicht mehr zum Gegenstande der Pfändung gemacht werden. Die Zwangsverwaltung fällt demnach weg und es kann nur eine Pfändung der von dem Ehemanne nach den Grundsätzen des Nießbrauches erworbenen Früchte[6]) stattfinden, soweit diese nicht zur Erfüllung der ihm gegenüber seiner Frau und der Familie obliegenden Verwaltungs- und Unterhaltspflichten erforderlich sind und deshalb von ihm oder der Frau Widerspruch gegen die Pfändung erhoben wird[7]).

---

1) BGB. §§ 1387, 1. 14[illegible]5 f., 1388. Der Mann hat die Kosten zu tragen, wenn die Frau innerhalb ihrer gesetzlichen Befugnisse einen Rechtsstreit um eingebrachtes Gut geführt hat, ferner die Kosten aus allen gegen sie angestrengten Schuldprozessen (mit Ausnahme der Verbindlichkeiten aus unerlaubten Handlungen), wofern das Urtheil in das eingebrachte Gut vollstreckbar ist, und aus Prozessen in persönlichen Angelegenheiten der Frau (z. B. in Ehesachen), in allen Fällen aber nur, soweit die Aufwendung der Kosten den Umständen nach geboten war. Die Verpflichtung zur Tragung der Kosten umfaßt zugleich die Pflicht zur Leistung eines etwa erforderlichen Kostenvorschusses. Vgl. Unzner zu § 1387, Note 1c.

2) BGB. §§ 1387, 2. 1388. Die Bestimmung bezieht sich nur auf die Kosten der Verlheidigung, während die Frau, falls sie in die Kosten des Strafverfahrens verurtheilt wird, diese auf das Vorbehaltsgut zu nehmen hat (1415, 1. 3).

3) BGB. §§ 1386, 2. 1415, 2. 3.

4) BGB. §§ 1375, 1410. Anders, wenn es sich um Schuldverträge handelt, die der Mann auf Grund des § 1379 mit richterlicher Bewilligung für Rechnung des Eingebrachten geschlossen hat. Hier liegt keine Schuld des Mannes, sondern eine Schuld der Frau vor.

5) Vgl. Konk.-O. v. 1877 § 1 (in der Konk-O. v. 1898 gestrichen). ALR. II, 1 § 257. Roth, a. a. O. II. 221 f.

6) BGB. §§ 1383, 1039 f., 1068, 1073, 954.

7) Vgl. BGB. §§ 1408, 1407, 4. Civ.-Pr.-O. 861.

Die Verfügungsrechte der Frau über ihr eingebrachtes Gut sind in einer dem bisherigen Rechte durchaus entsprechenden Weise beschränkt. Die Schlüsselgewalt der Frau, d. h. ihre Vollmacht zur Vertretung des Mannes in allen die Leitung des Hauswesens betreffenden Rechtsgeschäften hat das BGB., entgegen dem bisherigen Rechte, der Willkür des Mannes entzogen und erst dadurch der Hausfrau eine ihrer würdige Stellung eingeräumt: die Ehefrau hat nicht blos die Pflicht, sondern auch das Recht, Hausfrau zu sein und alle in ihren häuslichen Wirkungskreis gehörigen Geschäfte mit voller Rechtswirkung für den Mann, der die Lasten der Ehe zu tragen hat, abzuschließen[1]). Die Entziehung dieses Rechtes, die zu voller Wirkung gegen Dritte der Eintragung in das Güterrechtsregister bedarf, kann, wenn sie auf einem bloßen Mißbrauche der eheherrlichen Gewalt beruht, von der Frau angefochten werden. Der erste Entwurf verlangte dazu ein prozessualisches Verfahren, während das BGB. hier, wie bei den meisten Streitfällen unter Ehegatten, das Vormundschaftsgericht nach freiem Ermessen entscheiden läßt.

Verfügungen von Todes wegen, rein lukrative Rechtsgeschäfte und eigene Erbschaftsangelegenheiten sind der Frau freigegeben. Sie bedarf der Genehmigung des Mannes weder zur Annahme oder Ausschlagung einer Schenkung, einer Erbschaft oder eines Vermächtnisses[2]), noch zu

---

[1]) BGB. §§ 1356 f., für Ausländer, die im Reiche wohnen, EG. 16, 2. Besser noch der Schweiz. Vorentw. 182 ff., nach dem die Schlüsselgewalt nur durch den Richter, auf begründeten Antrag des Mannes, entzogen werden kann. Das bisherige Recht kannte die Schlüsselgewalt nur als eine vermuthete Vollmacht. Vgl. ALR. II, 1 §§ 321 ff., Oldenb. Ges. v. 24. April 1873, Art. 4, Sächs. BGB. 1645. Die Motive zum ersten Entwurf IV 118 machen mit Recht darauf aufmerksam, daß die Bezugnahme der meisten neueren Gesetze auf den Haushalt zu eng sei, da z. B. auch Rechtsgeschäfte, die auf die Erziehung der Kinder und die Beschaffung der nothwendigen Kleidung für die Familie zielen, mit in den Bereich des häuslichen Wirkungskreises der Frau fallen. Je nach der gesellschaftlichen Stellung der Ehegatten werden auch noch andere Geschäfte, z. B. die Annahme weiblicher Dienstboten, hierher zu rechnen sein.

[2]) Der Rechtsgrund für die Befugniß der Frau, Erbschaften und Vermächtnisse auszuschlagen, beruht darauf, daß der mit dem Tode des Erblassers eintretende Anfall (1922, 1942, 2176) durch die Ausschlagung mit rückwirkender Kraft beseitigt und als überhaupt nicht erfolgt behandelt wird (1953, 2180, 3). Die auf französischen Sittenverhältnissen beruhende Bestimmung des Code civ. 217, 219, 934, daß Ehefrauen Schenkungen nur mit Genehmigung des Mannes oder mit gerichtlicher Ermächtigung annehmen dürfen, hat in Deutschland keinen Boden und wird daher im BGB. überhaupt nicht berührt.

dem Verzicht auf einen Pflichttheil und zu Maßregeln und Anträgen, die sich auf die Schuldenhaftung aus einer ihr angefallenen Erbschaft beziehen; ebenso wenig zur Ablehnung eines Vertragsantrages[1]). Im übrigen ist die Zustimmung des Mannes zu allen ihren das eingebrachte Gut betreffenden Rechtsgeschäften unter Lebenden unentbehrlich[2]); nur wo die ordnungsmäßige Besorgung der persönlichen Angelegenheiten der Frau ein solches Rechtsgeschäft fordert, kann die vom Manne verweigerte Zustimmung gegebenenfalls auf ihr Ansuchen durch das Vormundschaftsgericht ersetzt werden[3]). Außerdem ist die Frau stets zu unaufschiebbaren Maßregeln hinsichtlich ihres eingebrachten Vermögens auch ohne gerichtliche Ermächtigung berechtigt, wenn der Mann durch Krankheit oder Abwesenheit an der Abgabe einer Erklärung verhindert ist[4]).

Die Verfügungsbeschränkungen, denen die Frau hinsichtlich ihres Eingebrachten unterliegt, sind unabhängig davon, ob der Dritte gewußt hat, daß er es mit einer Ehefrau zu thun hatte[5]). Die Begünstigung

---

[1]) BGB. § 1406. Ist der Frau eine Erbschaft angefallen, so ist jeder der Ehegatten, auch ohne Mitwirkung des anderen, berechtigt, ein Inventar zu errichten oder ein Aufgebot der Nachlaßgläubiger oder die Eröffnung des Nachlaßkonkurses zu beantragen; dagegen ist die Bestimmung einer Inventarfrist nur wirksam, wenn sie gegenüber beiden Ehegatten erfolgt. Vgl. BGB. §§ 1406, 1. 2008. Civ.-Pr.-O. 999. Konk.-O. 218. Der Schweiz. Vorentw. 232 f. verlangt zur Annahme oder Ausschlagung einer der Frau angefallenen Erbschaft die Zustimmung des Mannes oder Ermächtigung durch das Vormundschaftsgericht.

[2]) BGB. § 1395. Ueber Reichs- und Staatsschuldbuchforderungen der Frau vgl. EG. 50, 97, Preuß. Ausf.-Ges. 16, Sächs. Ausf.-Ges. 52.

[3]) BGB. § 1402. Zu den persönlichen Angelegenheiten der Frau gehören u. a. Aufwendungen in Angelegenheiten ihres Personenstandes, in Sachen der Ehescheidung oder Ehenichtigkeit, in Entmündigungssachen, Vertheidigung in Strafsachen. Auch zur Bestreitung ihres Unterhaltes kann die Frau nöthigenfalls mit richterlicher Erlaubniß ihr eingebrachtes Vermögen angreifen. Vgl. A. B. Schmidt zu § 1402. Die Beschränkung auf die persönlichen Angelegenheiten findet sich sonst nicht. Vgl. C. civ. 219. Sächs. BGB. 1644. Roth, a. a. O. II, 218.

[4]) BGB. § 1401. Vgl. Sächs. BGB. 1643. Code civ. 221 f. verlangt auch in solchen Fällen gerichtliche Ermächtigung. ALR. I, 13 § 119, II, 1 §§ 202 ff., 326 ff. läßt die ganze Vermögensverwaltung vertretungsweise auf die Frau übergehen, so daß sie in Nothfällen auch den Mann persönlich verpflichten kann.

[5]) BGB. § 1404. Die Bestimmung des § 135 ist auf die Verfügungsrechte der Frauen unanwendbar, da die Beschränkungen derselben nicht blos den Schutz des Mannes bezwecken, sondern sich vielmehr als eine wesentliche Folge des gesetzlichen Güterstandes ergeben.

des guten Glaubens, die sonst in Grundbuchsachen sowie bei Inhaber- und Orderpapieren und Fahrnißveräußerungen platzgreift, findet ihm gegenüber keine Anwendung[1]).

Das BGB. geht von dem Grundsatze aus, daß die in dem bisherigen Rechte mehr oder minder festgehaltene beschränkte Geschäftsfähigkeit der Frau, als eine bloße Folge der aufgehobenen eheherrlichen Vormundschaft, nicht mehr zu Recht bestehe[2]). Die Ehefrau besitzt für ihre Person vielmehr die volle Geschäftsfähigkeit, nur dürfen ihre Rechtshandlungen ohne Zustimmung des Mannes weder seine Rechte am eingebrachten Gute, noch die auf ihre Mitarbeit in Haus und Familie beeinträchtigen. Im Einzelnen sind hinsichtlich der Wirkungen, welche der Mangel der gesetzlich erforderlichen Zustimmung des Mannes nach sich zieht, folgende Fälle zu unterscheiden.

Veräußerungen von Gegenständen des eingebrachten Gutes ohne die gesetzlich erforderliche Einwilligung (d. h. die vorherige Zustimmung, § 183) des Mannes sind unwirksam (1395, 134). Dasselbe gilt von allen Verfügungen durch einseitige Rechtsgeschäfte der Frau[3]); bei empfangsbedürftigen Rechtsgeschäften (z. B. Kündigungen) reicht selbst die Einwilligung des Mannes nicht aus, wenn sie nicht schriftlich vorliegt und die Erklärung der Frau wegen dieses Mangels von dem Dritten sofort zurückgewiesen wird (182, 3. 111).

Verfügungen über eingebrachtes Gut durch Verträge der Frau erlangen dagegen durch die Genehmigung (d. h. nachträgliche Zustimmung, § 184) des Mannes volle Giltigkeit. Der Vertragsgegner ist daher gebunden, bis der Mann sich über Ablehnung oder Genehmigung erklärt hat. Beide Erklärungen sind formlos und können ebenso gut gegen

---

[1]) Anders gegenüber dem redlichen Dritterwerber, wenn die Sache durch mehrere Hände gegangen ist.

[2]) Vgl. Motive zum ersten Entw. IV, 219—226. ALR. II, 1 §§ 320, 619. Sächs. BGB. 1638—1641. Code civ. 215 ff., 225. Roth, a. a. O. II, 218. Soweit die Güterstände des älteren Rechts ohne Ueberleitung fortbestehen, bleiben auch die damit verbundenen Beschränkungen der Geschäftsfähigkeit der Frau aufrechterhalten (EG. 200, 3).

[3]) BGB. § 1398. Beispiele: Kündigungen, Anfechtungserklärungen, Verzichte. Verzicht auf den Pflichttheil bedarf keiner Einwilligung des Mannes (1406). Erbverzichte kommen nicht in Frage, da es sich bei diesen nicht um eingebrachtes Gut handelt.

die Frau wie gegen den Dritten ausgesprochen werden; wenn aber der letztere selbst eine Erklärung fordert, so gilt nur die gegen ihn abgegebene; bleibt die Antwort über zwei Wochen aus, so wird Ablehnung angenommen. Wird weder von dem Manne eine Erklärung gegeben, noch von dem Dritten eine solche gefordert, so wird der Vertrag mit Auflösung der Verwaltungsgemeinschaft giltig. Solange das Geschäft in der Schwebe ist, kann der Dritte dem Manne oder der Frau seinen Rücktritt erklären, wenn er bei Abschluß des Vertrages die Frau für ledig gehalten oder sie ihn über die Einwilligung ihres Mannes getäuscht hat[1]).

Schuldverträge der Frau (also auch Kauf- und andere Veräußerungsverträge über eingebrachtes Gut) sind für sie persönlich verbindlich, aber während des Bestehens der Verwaltungsgemeinschaft gegen das Eingebrachte nur vollstreckbar, soweit der Mann zustimmt oder eine ungerechtfertigte Bereicherung des Eingebrachten stattgefunden hat[2]). Die Zustimmung des Mannes kann unter gewissen Voraussetzungen (S. 31) durch das Vormundschaftsgericht ersetzt werden. Ist der Mann durch Abwesenheit oder Krankheit verhindert, eine Erklärung abzugeben, so kann die Frau, wenn Gefahr im Verzuge ist, auch ohne seine Zustimmung vollwirksame Schuldverträge eingehen (1401).

Bei Verträgen, durch die sich die Frau zu einer in Person zu bewirkenden Leistung verpflichtet[3]), sollte der Mann, wenn er nicht zu-

---

[1]) BGB. § 1396 f. In den früheren Auflagen wurden diese Bestimmungen irrthümlich für gleichbedeutend mit denen der §§ 108 f. erklärt. Bei den letzteren handelt es sich schlechthin um Verträge, in den vorliegenden Bestimmungen dagegen um die Verfügung über eingebrachtes Gut durch Verträge. Ueber diesen Begriff vgl. Planck 1, 148, A. B. Schmidt zu § 1395, Nr. 1. Beispiele: Verkauf eines Erbtheils (2033), Abtretung einer Forderung (398) eines Urheberrechts, eines Pflichttheilsanspruches oder anderer Rechte, deren Uebertragung durch bloßen Vertrag erfolgen kann (413).

[2]) BGB. § 1399. Schweiz. Vorentw. 235, 1. Bisher erzeugten Schuldverträge der Frau ohne Zustimmung des Mannes keine persönliche Haftung der Frau. Aehnlich wie mit den Schuldverträgen der Frau verhält es sich mit Kündigungen und anderen einseitigen Rechtsgeschäften Dritter bei Verbindlichkeiten der Frau. An sich genügt es, wenn ihr gekündigt wird, um aber die Kündigung auch für den Mann hinsichtlich des eingebrachten Gutes wirksam zu machen, bedarf es außerdem der Kündigung ihm gegenüber (1403, 2).

[3]) Also Dienst- oder Werkverträge, Auftrag, Verwahrung, Gesellschaft, Testamentsvollstreckung u. dgl. m. Eine Vormundschaft darf die Frau nur mit Zustimmung des Mannes übernehmen und muß von derselben entbunden werden, sobald der Mann seine Zustimmung widerruft (1783, 1887).

gestimmt hat, nach dem Entwurfe sofort, ohne Einhaltung einer Kündigungsfrist, zur Auflösung berechtigt sein. Dabei kannte der erste Entwurf (1277) nicht einmal eine Ergänzung durch das Gericht, während der zweite Entwurf (1343) eine solche zuläßt. Infolge Reichstagsbeschlusses geht das BGB. (1358) in der Begünstigung der Frau erheblich über den zweiten Entwurf hinaus, indem es dem Manne zwar ein an keine Kündigungsfrist gebundenes Kündigungsrecht einräumt, aber nur auf Ermächtigung des Vormundschaftsgerichts und unter der Voraussetzung, daß die ehelichen Interessen durch die Thätigkeit der Frau beeinträchtigt werden[1]). Das Kündigungsrecht des Mannes ist ausgeschlossen, solange die häusliche Gemeinschaft aufgehoben ist[2]), ferner wenn der Mann dem Vertrage zugestimmt hat[3]) oder seine Zustimmung durch das Vormundschaftsgericht ersetzt worden ist, sei es weil die Verweigerung der Zustimmung sich als Mißbrauch seines Rechtes darstellte, oder weil der Mann durch Abwesenheit oder Krankheit an der Abgabe einer Erklärung verhindert und mit dem Aufschube Gefahr verbunden war (1358, 2)[4]).

Die Gläubiger der Frau können ohne Rücksicht auf die Rechte des Mannes am eingebrachten Gute Befriedigung aus diesem verlangen, soweit es sich nicht um Verbindlichkeiten des Vorbehaltsgutes aus der Zeit der Verwaltungsgemeinschaft oder um solche Vertragsschulden der Frau, die für den Mann unverbindlich sind, handelt[5]). Das eingebrachte Gut haftet demnach schlechthin für alle Schulden der Frau

---

[1]) Der Mann hat nur dies außerordentliche, vom Vormundschaftsgericht ihm zugestandene Kündigungsrecht. Das vertragsmäßige Kündigungsrecht (620 ff., 671, 696, 723 f.) steht ausschließlich der Frau als der Vertragsgegnerin zu.

[2]) Nicht blos in den Fällen des BGB. §§ 10, 1353 f., 1361 und der Civ.-Pr.-O. 627, sondern auch bei freiwilliger Trennung der Ehegatten, solange der Mann nicht von seinem Rechte, die Wiederherstellung der häuslichen Gemeinschaft zu verlangen, Gebrauch gemacht hat.

[3]) Die einmal ertheilte Zustimmung ist unwiderruflich, im Gegensatze zu BGB. § 1405, 3. Zustimmung wie Kündigung kann nur von dem Manne selbst, auch bei beschränkter Geschäftsfähigkeit desselben, ausgehen (Abgabe der Willenserklärung durch einen Vertreter nicht ausgeschlossen).

[4]) Unter dieser Voraussetzung kann das Vormundschaftsgericht auch bei Geschäftsunfähigkeit des Mannes die Ermächtigung ertheilen. Der Vormund des geschäftsunfähigen Mannes ist weder zur Ertheilung der Zustimmung, noch zur Kündigung berechtigt.

[5]) BGB. §§ 1411—1414. Vgl. Schweiz. Vorentw. 235.

aus der Zeit vor Eintritt der Verwaltungsgemeinschaft; soweit diese einem auf späteres Vorbehaltsgut bezüglichen Rechtsverhältnisse entsprungen sind, kann der Mann sofortigen Ersatz aus dem Vorbehaltsgute beanspruchen [1]). Das eingebrachte Gut haftet ferner für alle Schulden der Frau aus einem mit Zustimmung des Mannes betriebenen Erwerbsgeschäfte (S. 18 f.), für alle Verbindlichkeiten aus Erbschaften, Vermächtnissen oder Schenkungen, die der Frau während der Ehe zugefallen und nicht Vorbehaltsgut geworden sind (1413), für Vertragsschulden der Frau aus der Zeit der Verwaltungsgemeinschaft, wenn entweder der Mann zugestimmt, oder das Vormundschaftsgericht seine Zustimmung ersetzt, oder Gefahr im Verzuge vorgelegen hat [2]). Deliktschulden und Strafgelder, die von der Frau bei bestehender Verwaltungsgemeinschaft verwirkt worden sind, hat der Mann aus dem Eingebrachten, aber mit dem Rechte sofortigen Rückgriffs auf das Vorbehaltsgut, zu bezahlen, ebenso die mit seiner Zustimmung, aber zu Zwecken des Vorbehaltsgutes begründeten Vertragsschulden [3]). Dasselbe gilt von denjenigen Kosten eines Rechtsstreites, die dem Manne nicht persönlich zur Last fallen [4]). Mit seinem eigenen Vermögen haftet der Mann nur in den S. 27 ff. hervorgehobenen Fällen, und zwar als Gesammtschuldner

---

[1]) BGB. §§ 1415 Nr. 2, 1417. Beispiele: rückständige Steuern für Vorbehaltsgut aus der Zeit vor der Ehe, rückständige Zinsen oder Renten von Grund- oder Rentenschulden, Ueberbau- oder Nothwegrenten oder andere Reallasten, wenn die Verbindlichkeit auf einem mit der Eheschließung zu Vorbehaltsgut gewordenen Grundstück haftet; rückständige Kaufgelder für Gegenstände, die vor der Ehe angeschafft, dann durch Ehevertrag der Frau vorbehalten worden sind; Verbindlichkeiten aus einer Erbschaft, die der Frau vor der Ehe angefallen, aber der Bestimmung des Erblassers entsprechend durch Ehevertrag zu Vorbehaltsgut gemacht ist.

[2]) BGB. § 1412. Hierher gehören auch Schadenersatzansprüche gegen die Frau aus einem von ihr nach § 1358 abgeschlossenen Vertrage oder einer von ihr mit Zustimmung des Mannes geführten Vormundschaft. Ein Schadenersatz wegen Auflösung des Vertrages durch Kündigung des Mannes kann nicht beansprucht werden. Vgl. Unzner bei Planck, Bürgerl. Gesetzbuch IV, 88, Note. Ueber die Haftung des eingebrachten Gutes wegen Bereicherung vgl. S. 33.

[3]) BGB. §§ 1411, 1415, 1417, 1.

[4]) Vgl. S. 29 Anm. 1. Das Vorbehaltsgut hat alle um Vorbehaltsgut entstandenen Prozeßkosten zu ersetzen (1415, 2, 3), ferner die der Frau in einem Rechtsstreite mit ihrem Ehemann auferlegten Kosten (1416, 1), die Kosten eines Verfahrens, das zur Verurtheilung der Frau wegen einer unerlaubten Handlung geführt hat (1415, 1, 3), ferner die Kosten eines von der Frau mit Ueberschreitung ihrer Befugnisse angestrengten Rechtsstreites wegen eingebrachten Gutes (1416, 2).

neben der Frau. Außerdem können die ihr aus der Verwaltung des Mannes zustehenden Ersatzansprüche gegen den Mann (S. 41 f.), die sie selbst erst nach Beendigung der Verwaltungsgemeinschaft geltend machen kann, von ihren Gläubigern auch während der Ehe geltend gemacht werden[1]).

Zur Prozeßführung bedarf die Frau der Zustimmung des Mannes an sich nicht (Civ.=Pr.=O. 52, 2) und der Mann haftet daher mit dem eingebrachten Gute (zum Theil auch als Gesammtschuldner) für alle ihr auferlegten Prozeßkosten (1387 f., 1412, 2). Die vollständige Prozeßlegitimation besitzt die Frau aber nur in unaufschiebbaren Angelegenheiten, wenn der Mann durch Krankheit oder Abwesenheit an der Abgabe einer Erklärung verhindert ist[2]), ferner als Inhaberin eines von ihr mit Zustimmung des Mannes betriebenen Erwerbsgeschäftes[3]), sowie zur Fortführung von Prozessen, die schon bei Eintritt der Verwaltungsgemeinschaft rechtshängig gewesen sind[4]). Im übrigen hat die Frau zwar die unbeschränkte Passivlegitimation, die Zwangsvollstreckung in das eingebrachte Gut findet aber nur statt, wenn die Frau zur Leistung und der Mann zur Duldung der Zwangsvollstreckung verurtheilt worden ist[5]), da jedes Urtheil in einem von der Frau ohne Zustimmung des Mannes geführten Rechtsstreite dem Manne gegenüber in Ansehung des eingebrachten Gutes unwirksam ist (1400, 1). Innerhalb dieser Beschränkung besitzt die Frau auch die volle Aktivlegitimation, insbesondere in Sachen des Vorbehaltsgutes, in Deliktssachen, bei Feststellungsklagen, in persönlichen Angelegenheiten, zur Geltendmachung eines Widerspruchsrechtes gegen eine Zwangsvollstreckung (1407, 4); dagegen kann sie ein zum eingebrachten Gute ge-

---

[1]) BGB. § 1411. Die Bestimmung des § 1411, 2 soll nicht eine unmittelbare Haftung des Mannes begründen (so A. B. Schmidt, a. a. O. 301), sondern hat nur die Bedeutung, daß der Mann, der verbrauchbare Sachen der Frau für sich verwendet hat, von dem Augenblicke der Verwendung an ersatzpflichtig ist. Nach ALR. II, 1 § 329 haftet der Mann persönlich für die mit seiner Zustimmung abgeschlossenen Vertragsschulden der Frau, ebenso nach der preuß. Vormundsch.=O. v. 5. Juli 1875 § 32, 3 als Bürge für eine von ihr geführte vormundschaftliche Verwaltung.

[2]) BGB. § 1401. Vgl. ALR. I, 13 § 119.

[3]) BGB. § 1405. Civ.=Pr.=O. 741.

[4]) Civ.=Pr.=O. 742. BGB. 1407, 1. Zur Zwangsvollstreckung bedarf es hier einer gegen den Mann ertheilten vollstreckbaren Ausfertigung.

[5]) Civ.=Pr.=O. 739. Beide Klagen können verbunden werden (ebd. 59 f.).

höriges Recht nicht ohne die Zustimmung des Mannes geltend machen[1]), ausgenommen wenn der Mann ohne ihre erforderliche Zustimmung und ohne eine dieselbe ersetzende Ermächtigung des Vormundschaftsgerichtes über eingebrachtes Gut verfügt hat (1407, 3).

Dem Manne steht die gerichtliche Vertretung des eingebrachten Gutes in eigenem Namen zu, und zwar nicht blos soweit es sich unmittelbar um sein Interesse, also um seine Berechtigung zu Besitz, Verwaltung und Nutznießung an den eingebrachten Sachen und Rechten handelt, sondern ganz allgemein, aber in der Regel mit der Beschränkung, daß Urtheile, Anerkenntnisse oder Vergleiche für und gegen die Frau nur dann wirksam sind, wenn sie der Klage zugestimmt hat[2]). Anders nur in Fällen, wo der Mann befugt ist, über das Recht der Frau ohne ihre Zustimmung zu verfügen: er ist daher nicht blos zur Vindikation von verbrauchbaren Sachen (1376, 1) oder von Inventarstücken eines eingebrachten Grundstücks (1378), sondern auch zur Eintreibung solcher Gegenstände und Forderungen, über die er durch Ermächtigung des Vormundschaftsgerichts Verfügung erlangt hat (1379), berechtigt[3]). Die Passivlegitimation in Sachen des eingebrachten Gutes besitzt der Mann nicht; die Klagen sind gegen die Frau auf Leistung und gegen den Mann auf Duldung der Zwangsvollstreckung zu richten[4]).

Die Frau hat gegen den Mann noch während des Bestehens der Verwaltungsgemeinschaft bei erheblicher Gefährdung ihres eingebrachten Gutes oder ihrer Ersatzansprüche durch das Verhalten des Mannes

---

[1]) BGB. § 1400, 2. Ueber die Bedeutung der Zustimmung vgl. Unzner zu § 1400.

[2]) BGB. § 1380. Vgl. ALR. II, 1 § 245. Ueber die Bedeutung der Zustimmung der Frau vgl. Unzner zu § 1380. Bei Besitz- oder Feststellungsklagen des Mannes (861 ff. Civ.-Pr.-O. 256), bei Geltendmachung seines Nutznießungsrechtes (1065) und in ähnlichen Fällen wird also, wenn die Frau nicht zugestimmt hat, nur über die Berechtigung oder Nichtberechtigung des klägerischen Anspruches entschieden. Bleibt das Recht der Frau, auf das sich dieser Anspruch gründete, bestritten, so steht einem neuen Rechtsstreite weder die Einrede der Rechtshängigkeit, noch die der entschiedenen Sache entgegen.

[3]) Da BGB. § 1379 nur von einer Ermächtigung zu „Rechtsgeschäften" handelt, so dürfte die Streitfrage, ob auch eine obervormundschaftliche Ermächtigung zu Prozessen zulässig sei, zu verneinen sein. Vgl. Unzner, a. a. O. IV, 126. Nach ALR. I, 13 § 119 wird in Fällen, die keinen Aufschub leiden, eine gegenseitige vermuthete Vollmacht der Ehegatten angenommen.

[4]) Vgl. S. 36. Der Mann ist berechtigt, Forderungen der Frau gegen den Kläger zur Aufrechnung zu bringen (1376, 2). Er kann dies Recht ebensowohl im Wege der Einrede wie durch eine Widerklage geltend machen (1380, 2).

eine Klage auf Sicherheitsleistung[1]). Im übrigen hat sie noch ein Klagerecht auf Gewährung des standesmäßigen Unterhaltes für die Familie aus dem Reinertrage des eingebrachten Gutes[2]), während, abweichend von dem ersten Entwurfe, ihre übrigen Ansprüche aus der Verwaltung und Nutznießung des Mannes erst nach Aufhebung der Verwaltungsgemeinschaft gerichtlich geltend gemacht werden können[3]).

Die Verwaltungsgemeinschaft endigt mit Auflösung der Ehe[4]), mit der Todeserklärung des Mannes[5]), mit Eröffnung des Kon-

---

[1]) BGB. § 1391. Bei Inhaber- und Blankopapieren, mit Ausnahme von Banknoten und Zins-, Renten- oder Gewinnantheilscheinen, kann die Frau Hinterlegung oder Umschreibung auf ihren Namen verlangen (1392 f.). Im übrigen ist die Sicherheit nach Maßgabe der §§ 232 ff. zu leisten. Der erste Entwurf ließ die Klage auf Sicherstellung nur wegen Gefährdung des Eingebrachten, aber nicht wegen der Ersatzansprüche zu. Die erheblich weitergehenden Kautionsansprüche der Frau nach dem bisherigen Rechte (vgl. ALR. II, 1 §§ 254 f.) erklären sich aus den weitergehenden Veräußerungsbefugnissen des Mannes. Der Schweiz. Vorentwurf 213 hält gleichwohl daran fest, daß die Ehefrau jederzeit auch ohne Begründung ihres Gesuches Sicherstellung verlangen kann. Das Sächs. BGB. 390 giebt ihr einen gesetzlichen Pfandrechtstitel an den Grundstücken des Mannes.

[2]) BGB. §§ 1389, 2. 1394, 2. Ueber das Verhältniß zu den §§ 1360 u. 1603 vgl. Unzner, a. a. O. IV, 137.

[3]) BGB. § 1394. Vgl. Schweiz. Vorentw. 191 ff., 236. Selbständig entstandene Forderungen, z. B. aus einem dem Manne gegebenen Darlehn, kann die Frau jederzeit geltend machen, ebenso die Ausgleichungsansprüche zu Gunsten ihres Vorbehaltsgutes (1417, 2. Schweiz. Vorentw. 236, 2). Im übrigen ist der Frau (nicht ihren Gläubigern, § 1411) zwar die Geltendmachung im Wege der Klage für die Dauer der Verwaltungsgemeinschaft versagt, andererseits aber ist sie zur Aufrechnung einer ihr gegen den Mann zustehenden Forderung gegen eine Forderung des Mannes jederzeit berechtigt. Für die Ansprüche des Mannes gegen die Frau gilt überhaupt die Beschränkung des § 1394 nicht. Er kann sich theils auf eigene Hand (1376, 3), theils mit obervormundschaftlicher Ermächtigung (1379), theils im Wege der Klage Befriedigung aus dem Eingebrachten oder, gegebenenfalls, aus dem Vorbehaltsgute (1417, 1) verschaffen. Vgl. Unzner, a. a. O. IV, 143 ff.

[4]) Wird die Ehe für nichtig erklärt, so hat unter den Voraussetzungen der §§ 1345 f. der eine Ehegatte die Wahl zwischen der Auseinandersetzung nach den Grundsätzen der Gütertrennung oder nach denen der Verwaltungsgemeinschaft. Einen Werth kann dies Wahlrecht immer nur für den Mann haben.

[5]) BGB. § 1420. Eine Todeserklärung der Frau hat zunächst die allgemeinen Wirkungen des vermutheten Todes; wenn aber die für todt erklärte Frau noch lebt und der Mann sich nicht inzwischen wieder verheirathet hat, so nimmt er nach Maßgabe des § 2031 ihr Vermögen ohne Weiteres wieder in seine Verwaltung und Nutznießung.

kurses über den Mann[1]), ferner durch Ehevertrag und durch Gerichts-

[1]) Die Auflösung tritt mit der Rechtskraft des Eröffnungsbeschlusses ein (1419). Nur die bis dahin erworbenen Nutzungen des eingebrachten Gutes, soweit sie der Pfändung unterworfen sind (Civ.-Pr.-O. 861), gehören zur Konkursmasse. Die Frau hat wegen ihres eingebrachten Gutes das Aussonderungsrecht und wegen ihrer Ersatzansprüche eine mit keinem Vorzugsrecht ausgestattete Konkursforderung. Bei einem Zwangsvergleiche wird ihre Stimme nur gezählt, wenn sie sich dagegen ausspricht (Konk.-O. 183). Die Verwaltungsgemeinschaft wird auch durch Beendigung des Konkurses nicht wiederhergestellt. Mit dem BGB. stimmt der Schweiz. Vorentw. 237 nur darin nicht überein, daß er der Konkursforderung der Frau ein beschränktes Vorrecht einräumt. Nach dem bisher in Deutschland geltenden Rechte gehörte der Nießbrauch des Gemeinschuldners am Vermögen seiner Ehefrau, nach Abzug der für den Unterhalt der Familie nothwendigen Nutzungen, zur Konkursmasse und erst nach Beendigung des Konkurses konnte die Frau ihr Vermögen dauernd oder doch bis zur Besserung der Vermögenslage des Mannes in eigene Verwaltung und Nutznießung nehmen. Vgl. Konk.-O. v. 1875 § 1, ALR. II, 1 §§ 257–262, Sächs. BGB. 1683, Roth a. a. O. II, 220. Nach Sächs. BGB. 1685 dauerte die Verwaltungsgemeinschaft ungeachtet des Konkurses fort. Für den Konkurs der Frau fehlt es an einer besonderen Bestimmung. Da der Unterschied zwischen Vorbehalts- und eingebrachtem Gute nur gegenüber dem Manne besteht, so kommt er gegenüber den Gläubigern der Frau zunächst nicht in Betracht, ihr Vermögen gilt hier als ein einheitliches, gleichviel, ob den einzelnen Gläubigern das Ganze oder für die Dauer der Verwaltungsgemeinschaft nur das Vorbehaltsgut haftet. Auch der Konkurs ist demnach ein einheitlicher; zur Eröffnung desselben ist die Nichtbefriedigung der bloßen Vorbehaltsgläubiger aus dem Vorbehaltsgute nicht ausreichend, so lange die übrigen Gläubiger aus dem Eingebrachten befriedigt werden können. Die dem Verwaltungs- und Verfügungsrechte des Konkursverwalters unterworfene unmittelbare Konkursmasse beschränkt sich auf das Vorbehaltsgut; hinsichtlich des eingebrachten Gutes hat der Mann das Aussonderungsrecht, er behält es in Besitz, Verwaltung und Nutznießung und hat nur die auf Grund seiner Verwaltung gegen ihn entstandenen Ersatzansprüche der Frau, sei es zu Gunsten des Vorbehalts- oder des eingebrachten Gutes, sofort zu berichtigen (1411). Die Art der Befriedigung der Gläubiger mag folgendes Beispiel veranschaulichen. Betrag der gesammten Aktivmasse 45 000 Mk., davon 35 000 Mk. (also 7/9) eingebrachtes und 10 000 Mk. (also 2/9) Vorbehaltsgut. Gesammtbetrag der Schulden 50 000 Mk., also Konkursdividende 90 pCt., wovon 20 pCt. auf das Vorbehalts- und 70 pCt. auf das eingebrachte Gut fallen. Die nur in das Vorbehaltsgut vollstreckbaren Forderungen sollen 12 000 Mk. betragen, die aber zur Zeit nur in Höhe von 2400 Mk. zur Hebung gelangen, weil die aus dem eingebrachten Gute zu leistende Konkursdividende von 8400 Mk. den Gläubigern erst nach Beendigung der Verwaltungsgemeinschaft ausgezahlt wird. Bis dahin behält der Mann diesen Betrag als eingebrachtes Gut in Verwaltung und Nutznießung, während die seiner Frau gegen ihn zustehenden Rechte aus der Verwaltungsgemeinschaft von dem Konkursverwalter wahrgenommen werden. Die übrigen Gläubiger (38 000 Mk.), denen auch der Zugriff auf das eingebrachte Gut zusteht, erhalten

urtheil auf Klage der Frau[1]) Eine solche ist begründet, wenn der Mann entmündigt oder wegen Gebrechens unter Pflegschaft gestellt ist, oder wenn er für voraussichtlich längere Dauer einen Abwesenheitspfleger erhalten hat[2]); ferner wenn die Voraussetzungen einer Klage

zunächst aus dem Vorbehaltsgute 20 pCt. mit 7600 Mk., sodann aus dem eingebrachten Gute weitere 70 pCt. mit 26 600 Mk., also ihre volle Konkursdividende, zu deren Auszahlung aus dem eingebrachten Gute der Mann aber nur durch Klage auf Duldung der Zwangsvollstreckung gezwungen werden kann. Der Ausfall beläuft sich also für sämmtliche Gläubiger gleichmäßig auf 10 pCt., nur daß die Vorbehaltsgläubiger zunächst 80 pCt. verlieren, von denen 70 pCt. nach Beendigung der Verwaltungsgemeinschaft ausbezahlt werden. Der Fehler der vorigen Auflage (S. 33) bestand darin, daß sie den Vollgläubigern auf Kosten der Vorbehaltsgläubiger gestatten wollte, ihren ganzen Ausfall durch Zugriff auf das Eingebrachte zu decken. Noch weiter in dieser Richtung geht Unzner, a. a. O. IV, 164 f., der den Vollgläubigern das Recht zugesteht, die Berücksichtigung ihrer ganzen Forderung bei der Verwerthung des eingebrachten Gutes, ohne verhältnißmäßige Verweisung auf das Vorbehaltsgut, verlangen zu können, also nach Art der Gesellschaftsgläubiger bei dem Konkurse einer offenen Handelsgesellschaft. Er übersieht, daß es sich in unserem Falle um einen einheitlichen Konkurs und eine einheitliche Konkursmasse handelt und die Eigenthümlichkeit nur darin besteht, daß einem Theile der Gläubiger zur Zeit nur der Zugriff auf einen Theil der Konkursmasse zusteht. Seuffert, Konkursprozeßrecht 87 und A. B. Schmidt, Familienrecht 303 nehmen geradezu einen Sonderkonkurs hinsichtlich des eingebrachten Gutes an. Jäger, Konkursordnung auf Grundlage des neuen Reichsrechts 40 ff. nimmt ebenfalls zwei getrennte Konkurse an, so daß auch nach ihm die Vollgläubiger auf Kosten der Vorbehaltsgläubiger aus dem eingebrachten Gute befriedigt werden.

[1]) BGB. §§ 1432, 1418, 1422. Vgl. Schweiz Vorentw. 198. Einseitiger Verzicht auf Verwaltung und Nutznießung steht dem Manne nicht zu (vgl. Sächs. BGB. 1686). Dagegen gestattet der Schweiz. Vorentw. 199 ihm unter Umständen eine Klage auf Aufhebung der Verwaltungsgemeinschaft.

[2]) BGB. § 1418, 3—5; §§ 6, 1910, 1911. Die Klage steht der Frau auch dann zu, wenn der Mann schon bei Beginn der Verwaltungsgemeinschaft entmündigt gewesen ist. Macht sie von ihrem Rechte keinen Gebrauch, so hat der Vormund des Mannes diesen auch in allen aus der Verwaltungsgemeinschaft entspringenden Rechten und Pflichten zu vertreten. Ist sie selbst zur Vormünderin ernannt, wozu der Vormundschaftsrichter unter Uebergehung der gesetzlich zu berufenden Personen, und ohne daß es der Zustimmung des Mannes bedürfte, berechtigt ist (1900), so steht ihr die Vertretung in demselben Umfange zu (1409). Sie kann sich alsdann in allen Fällen, wo die Frau der Zustimmung des Mannes bedarf, diese Zustimmung selbst ertheilen, ohne daß die Bestimmung des § 181 entgegensteht. Ist dem Manne ein Pfleger bestellt, so kommen durchweg dieselben Grundsätze zur Anwendung (1915, 1). Abgesehen von dem Falle der Vormundschaft oder Pflegschaft kann das Verwaltungs- und Nutznießungsrecht des Mannes nicht auf andere Personen übertragen werden (1408).

auf Sicherheitsleistung vorliegen[1]); endlich wenn der Mann ihr und den gemeinschaftlichen Abkömmlingen gegenüber seine Unterhaltspflicht verletzt hat und für die Zukunft eine erhebliche Gefährdung des Unterhalts zu besorgen ist[2]).

Mit der Beendigung der Verwaltungsgemeinschaft hört das Nutznießungsrecht des Mannes sofort auf, dagegen dauert sein Recht der Verwaltung noch fort, so lange er sich in entschuldbarer Unkenntniß von der eingetretenen Auflösung des Güterstandes befindet[3]).

Zu Verwaltungsmaßregeln, die keinen Aufschub dulden, ist der Mann stets befugt, wenn die Beendigung der Verwaltungsgemeinschaft durch den Tod der Frau erfolgt ist und der Erbe nicht schon anderweit Fürsorge treffen kann (1424, 2).

Nach Beendigung der Verwaltungsgemeinschaft hat der Mann über die Verwaltung des eingebrachten Gutes, mit Ausnahme der Nutzungen, Rechenschaft abzulegen und das Vorhandene herauszugeben[4]). Was er ohne die erforderliche Zustimmung der Frau und ohne obervormundschaftliche Ermächtigung veräußert, oder was er von verbrauchbaren

---

[1]) Also wenn der Mann die verlangte Sicherheit nicht stellen will oder kann, oder wenn die Frau von vornherein dem schärferen Mittel den Vorzug giebt (1418, 1). Der Schweiz. Vorentw. 198 gestattet der Frau die Klage außerdem wegen Ueberschuldung oder fruchtloser Pfändung des Mannes. Nach Sächs. BGB. 1684 kann die Frau bei Gefährdung ihres Eingebrachten durch unordentliche Wirthschaft des Mannes die Verwaltung ihres Vermögens zurücknehmen, den Nießbrauch behält aber der Mann.

[2]) BGB. § 1418, 2. Vgl. Schweiz. Vorentw. 198. Nach ALR. II, 1 § 258 kann die Frau die Auflösung der Verwaltungsgemeinschaft auch verlangen, wenn der Mann seiner Unterhaltspflicht wegen Unvermögens nicht genügen kann, während das BGB. eine Pflichtverletzung verlangt. Eine solche liegt aber (im Gegensatze zu dem Falle des § 1389, 2) schon dann vor, wenn der Mann sich durch unordentliche Verwaltung des eingebrachten Gutes in die Lage gebracht hat, der Familie das ihr nach der Vermögenslage zukommende Maß des Unterhaltes nicht mehr gewähren zu können.

[3]) BGB. § 1424, 1. Dritte Personen können sich auf die Verwaltung des Mannes in diesem Falle nur berufen, wenn sie sich ebenfalls in entschuldbarer Unkenntniß von der Sachlage befunden haben.

[4]) BGB. § 1421, 259 f. Nutzungen, die der Mann den Regeln einer ordnungsmäßigen Wirthschaft zuwider im Uebermaße gezogen hat, sind nach §§ 1039, 1383 zu ersetzen. Rechtsvermuthungen finden nur zu Gunsten der Frau oder ihrer Erben hinsichtlich des Frauengeräthes Anwendung (1362, 2). Die Beobachtung des § 1372 ist für den Beweis werthvoll, aber nicht nothwendig.

Sachen für sich verwendet hat, ist der Frau zu ersetzen[1]); ebenso was anders als im Wege ordnungsmäßiger Verwaltung abhanden gekommen oder verschlechtert worden ist, falls er dabei die ihm gesetzlich obliegenden Verwaltungspflichten vernachlässigt oder nicht die gleiche Sorgfalt wie in eigenen Angelegenheiten angewendet hat[2]). Nach letzterem Maßstabe hat auch die Frau für jede von ihr verschuldete Schädigung des Mannes Ersatz zu leisten (1359, 277). Außerdem sind Aufwendungen des einen Ehegatten für den andern hinüber und herüber theils nach besonderen Bestimmungen, theils nach den allgemeinen Regeln zu ersetzen[3]). Die bis zur Beendigung der Verwaltungsgemeinschaft erwachsenen Nutzungen sind Eigenthum des Mannes nach Maßgabe der für den Nießbrauch geltenden Grundsätze[4]).

Die Auflösung der Verwaltungsgemeinschaft bei bestehender Ehe bewirkt, wenn nichts Anderes durch Ehevertrag vereinbart ist, den Eintritt der Gütertrennung (1426), die aber zu ihrer vollen Wirksamkeit gegen Dritte der Eintragung in das Güterrechtsregister bedarf[5]).

Auf Klage des Mannes ist die Gütertrennung wiederaufzuheben und die Verwaltungsgemeinschaft wiederherzustellen, wenn die Ent-

---

[1]) BGB. §§ 1375, 1377, 3.

[2]) BGB. §§ 1359, 277, 1374, 1377. Vgl. Unzner, a. a. O. IV, 115, 122, 143 f. Nach dem Schweiz. Vorentw. 242 hat der Mann überhaupt den „Rückschlag" zu tragen (d. h. alles Fehlende zu ersetzen), soweit dieser nicht nachweisbar durch Handlungen der Ehefrau verursacht worden ist.

[3]) Vgl. S. 16, 28 f. BGB. §§ 1384—1387, 1390, 1415 f., 256 f., 670, 683 f., 812 ff. Die Verjährung von Ansprüchen unter Ehegatten ist gehemmt, so lange die Ehe besteht (204).

[4]) BGB. §§ 1383, 101, 1039 f. Gehört zu dem eingebrachten Vermögen ein Landgut, so sind die für die unmittelbare Fortsetzung der Wirthschaft nothwendigen Erzeugnisse zurückzulassen (593, 1421). Andererseits erhält der Mann bei ländlichen Grundstücken, soweit dieselben noch mit Früchten bestanden sind, einen verhältnißmäßigen Ersatz für die Bestellungskosten (592). Nach dem Schweiz. Vorentw. 241 kann die Frau unter Umständen einen verhältnißmäßigen Antheil an dem „Vorschlage", d. h. dem das beiderseitige Einbringen übersteigenden Gewinne, beanspruchen. Bei den in den gesetzlichen Güterstand des BGB. übergeleiteten Güterständen der Errungenschaftsgemeinschaft (S. 15, Anm.) findet eine Theilung der vom Manne gezogenen Nutzungen statt, wofern nicht der überlebende Ehegatte unter Verzicht auf die erbrechtlichen Wirkungen seines Güterstandes sich für das Ehegattenerbrecht des BGB. entscheidet.

[5]) BGB. §§ 1426, 1431, 1. Vgl. Schweiz. Vorentw. 197—201.

mündigung oder Pflegschaft wiederaufgehoben oder mit Erfolg angefochten ist, oder wenn der für todt erklärte Mann noch lebt[1]). Im übrigen kann die Wiederherstellung der Verwaltungsgemeinschaft nur durch Ehevertrag erfolgen.[2]) Von den in der Zwischenzeit erfolgten Erwerbungen der Frau wird Vorbehaltsgut, was ohne Unterbrechung der Verwaltungsgemeinschaft Vorbehaltsgut geworden sein würde (1425, 3). War die Aufhebung der Verwaltungsgemeinschaft in das Güterrechtsregister eingetragen, so bedarf es für die Wiederherstellung derselben zur Wirkung gegen Dritte einer abermaligen Eintragung (1431, 2).

§ 2. Die Gütertrennung[3]).

BGB. §§ 1426—1431. Unzner, a. a. O. IV, 183—189. Schmidt und Habicht 331 ff. Cosack II 459 ff. Endemann II³ § 181. Matthiaß II³ § 90.

Die Gütertrennung ist ein außerordentlicher gesetzlicher Güterstand. Derselbe tritt ein: 1) in der ohne Zustimmung des gesetzlichen Vertreters eingegangenen Ehe mit einer beschränkt geschäftsfähigen Frau[4]); 2) überall wo der bisherige gesetzliche oder vertragsmäßige Güterstand bei bestehender Ehe aufgehoben und nicht durch Ehevertrag etwas anderes bestimmt ist[5]); 3) in der durch Aufhebung der ehelichen Gemeinschaft geschiedenen Ehe (Trennung von Tisch und Bett), wenn die

[1]) BGB. § 1425. Die Beendigung des Konkurses giebt dem Manne keinen Anspruch auf Wiederherstellung seiner Verwaltung und Nutznießung.

[2]) Nach dem Schweiz. Entwurfe überhaupt nur auf diesem Wege.

[3]) Nach den Ueberleitungsvorschriften der Landesausführungsgesetze gelten die Bestimmungen des BGB. über Gütertrennung für die bisherigen Güterstände des vertragsmäßigen Dotalrechts (Bayern, Preußen) oder überhaupt des Dotalrechts (Lippe), letzteres in Braunschweig mit der Maßgabe, daß das Heirathsgut den Grundsätzen der Verwaltungsgemeinschaft, alles übrige Vermögen (also auch aller fernere Erwerb der Frau) denen der Gütertrennung folgt; ferner in den Ehen mit vertragsmäßiger Gütertrennung nach französischem Recht (Bayern, Birkenfeld, Elsaß-Lothringen, Hessen, Preußen) oder badischem Landrecht (Bayern, Preußen), sowie überall wo durch einfache vertragsmäßige Ausschließung des gesetzlichen Rechts der Güterstand der Gütertrennung eingetreten war.

[4]) BGB. §§ 1364, 1426. Vgl. ALR. II, §§ 980 ff., 999.

[5]) BGB. §§ 1426, 1436, 1470, 1545, 1549. Vgl. C. civ. 1443 f. Schweiz. Vorentw. 197 ff., 204.

eheliche Gemeinschaft wieder hergestellt wird[1]). Die Gütertrennung kann außerdem durch Ehevertrag, sei es kraft ausdrücklicher Bestimmung oder dadurch, daß einfach der gesetzliche Güterstand ausgeschlossen wird, angeordnet werden[2]). Endlich finden die Grundsätze der Gütertrennung auf jede Art des Vorbehaltsgutes Anwendung[3]).

Die Wirkung der Gütertrennung gegen Dritte ist durch die Eintragung in das Güterrechtsregister bedingt (1431). Verfügungen der Frau in Grundbuchsachen werden von dem Grundbuchamte nur auf ihre Legitimation durch das Güterrechtsregister zugelassen[4]). Ohne die Eintragung kann jeder Dritte, dem nicht Kenntniß der Sachlage nachgewiesen wird, verlangen, daß seine Rechtsgeschäfte und Prozesse mit einem der Ehegatten nach dem gesetzlichen oder dem bisherigen vertragsmäßigen Güterstande beurtheilt werden.

Die Rechtsvermuthungen hinsichtlich der Eigenthumsverhältnisse der Ehegatten sind dieselben wie bei der Verwaltungsgemeinschaft: bei dem gesammten Frauengeräthe Vermuthung zu Gunsten des Eigenthums der Frau, und zwar ebensowohl gegenüber dem Manne wie gegenüber den Gläubigern des Mannes oder der Frau; bei anderen beweglichen Sachen sowie bei Inhaber- und Blankopapieren zu Gunsten der Gläubiger des Mannes Vermuthung für das Eigenthum des Mannes; bei allem während der Ehe gemachten Erwerbe der Frau zu Gunsten der Konkursgläubiger des Mannes Vermuthung für die Anschaffung aus Mitteln des Mannes[5]). Die Anwendbarkeit der S. 20 und S. 23 f. besprochenen Surrogationsgrundsätze beschränkt sich auf den

---

1) BGB. § 1587. C. civ. 311.

2) BGB. § 1436. Vgl. C. civ. 1536 ff. Schweiz. Vorentw. 268, 2. Ein Ehevertrag, durch den das ganze gegenwärtige und zukünftige Vermögen für Vorbehaltsgut erklärt wird, ist im Sinne der Gütertrennung auszulegen. Vgl. Unzner, a. a. O. IV, 104.

3) BGB. §§ 1371, 1441, 1526, 3. 1549. Schweiz. Vorentw. 215. Hinsichtlich des Vorbehaltsgutes des Mannes, das nur bei allgemeiner Gütergemeinschaft zulässig ist, bestimmt das BGB. nur, daß es vom Gesammtgute ausgeschlossen sei (1440). Daraus ergiebt sich, im Gegensatze zu § 1439, die Unterwerfung unter die bei der Gütertrennung geltenden Regeln.

4) Gr.-B.-O. 34.

5) Vgl. S. 21 f. Die Rechtsvermuthungen zu Gunsten der Gläubiger kommen auch bei naturalisirten Inländern und bei Ausländern, die im Inlande wohnen, zur Anwendung (EG. 16, 2).

Güterstand der Verwaltungsgemeinschaft, für die Gütertrennung gelten die allgemeinen Regeln.

Die Lasten der Ehe hat der Mann allein zu tragen[1]), er kann aber von der Frau, unabhängig von ihrer subsidiären gesetzlichen Unterhaltspflicht gegen Mann und Kinder (1360, 1606, 2. 1608), einen zu seinen Händen abzuliefernden Beitrag aus ihren Einkünften (nicht aus dem Stamme ihres Vermögens) verlangen[2]). Dieser Anspruch ist unübertragbar und der Pfändung durch die Gläubiger des Mannes entzogen[3]), dagegen ist er nicht wie der gesetzliche Unterhaltsanspruch (1614) unverzichtbar, kann vielmehr durch Ehevertrag abgeändert oder gänzlich ausgeschlossen werden[4]). Bei erheblicher Gefährdung des Unterhalts der Familie durch die Aufführung oder Vermögenslage des Mannes kann die Frau ihre Beiträge zu dem ehelichen Aufwande zu unmittelbarer Verwendung in der Hand behalten, statt sie durch die Hand des Mannes gehen zu lassen; dasselbe ist der Fall, wenn der Mann entmündigt oder wegen Gebrechens oder Abwesenheit unter Pflegschaft gestellt wird (1428). Freiwillige Einzelbeiträge, welche die Frau für den ehelichen Aufwand an den Mann hergiebt oder selbst verwendet, sind im Zweifel als geschenkt anzusehen, selbst wenn sie dem Stamme ihres Vermögens entnommen sind[5]).

Beiträge der Frau in der Form einer dem Manne für die Dauer der Ehe übertragenen Dos sind dem Güterstande der Gütertrennung

---

[1]) BGB. § 1427, 1. Der Schweiz. Vorentw. 272, 3 macht die Frau für die aus dem Unterhalte der Familie entstandenen Schulden subsidiär haftbar.

[2]) BGB. § 1427, 2. Schweiz. Vorentw. 274. Code civil 1537. Bad. Landr. 1537, 1537 a. Die Feststellung des Betrages liegt, wenn keine Einigung darüber erfolgt, dem Prozeßgericht und nicht dem Vormundschaftsrichter ob. Bei der Berechnung ist auf die ganze Lebensstellung der Familie und das Verhältniß des aus den Einkünften des Mannes Beizusteuernden zu sehen, da die Beitragspflicht der Frau eine unbedingte und nicht, wie ihre gesetzliche Unterhaltspflicht, eine subsidiäre ist. Beiträge für die Vergangenheit können nur verlangt werden, wenn der Mann früher dazu aufgefordert hatte.

[3]) BGB. § 1427 a. E. Civ.-Pr.-O. 851. Auch die bereits entrichteten Beiträge unterliegen der Pfändung nicht.

[4]) Vgl. Motive zum ersten Entwurf IV, 323. Von dem Vorbehaltsgute hat die Frau einen Beitrag nur insoweit zu leisten, als der Mann nicht schon durch seine Nutznießung am eingebrachten Gute oder durch den Ertrag des Gesammtgutes genügend entschädigt wird (1371, 1441, 1526, 3. 1549).

[5]) BGB. § 1429. Vgl § 1618.

unbekannt; dafür würde es eines Ehevertrages bedürfen[1]). Was die Frau dem Manne freiwillig von ihrem Vermögen zur Verwaltung überläßt[2]), hat dieser, wenn sie nicht anders darüber verfügt hat, in ordnungsmäßiger Verwaltung und Nutznießung für die Zwecke des ehelichen Aufwandes, ohne Verpflichtung zur Rechnungslegung über die Einkünfte und ihre Verwendung und für die Dauer seiner Verwaltung mit freiem Ermessen hinsichtlich der Verwendung der von dem ehelichen Aufwande nicht beanspruchten überschüssigen Erträge. Der Pfändung durch seine Gläubiger sind diese entzogen. Im übrigen hat der Mann die Stellung eines Beauftragten (662 ff.), braucht aber nur für die in eigenen Angelegenheiten beobachtete Sorgfalt einzustehen (1359, 277). Eine Verpflichtung, sich der Verwaltung zu unterziehen, hat der Mann nicht[3]).

Die Stellung der Ehefrau hinsichtlich der Schlüsselgewalt (1357) und solcher Verträge, durch die sie sich zu persönlichen Leistungen verpflichtet (1358), ist dieselbe wie unter dem Güterstande der Verwaltungsgemeinschaft (S. 30, S. 33 f.). Wird der Mann durch ihre Thätigkeit in Haus und Geschäft (1356 f.) geschädigt, so hat sie nur für die in eigenen Angelegenheiten beobachtete Sorgfalt einzustehen (1359, 277).

In Bezug auf ihr Vermögen genießt die Frau die volle Selbständigkeit wie bei dem römischen Paraphernalgute; Besitz, Genuß, Verwaltung und Verfügung steht ihr allein zu[4]). Die im französischen Recht und theilweise auch im preußischen ALR. enthaltenen Beschränkungen[5]) hat das BGB. ebenso wenig wie das römische Verbot der

---

[1]) Vgl. Schweiz. Vorentw. 275. Der Code civil 1540—1580 hat diesen Güterstand im Anschluß an das römische Dotalrecht besonders geregelt. Ueber die Behandlung des Heirathsgutes in den bisherigen Ehen, deren Güterstand vom Dotalrecht zur Gütertrennung übergeleitet wird, hat nur das braunschweigische Ausführungsgesetz (s. S. 43 Anm. 3) Bestimmung getroffen. Nach den übrigen ist anzunehmen, daß für das stillschweigend eingebrachte Heirathsgut die Bestimmung des § 1430, für die ausdrücklich bestellte Dos dagegen der Ehevertrag und das bisherige Recht maßgebend ist.

[2]) BGB. § 1430. Vgl. BGB. § 1619. Code civil 1539. Schweiz. Vorentw. 271.

[3]) Vgl. Schweiz. Vorentw. 270.

[4]) Das BGB. hat darüber keine besondere Bestimmung, es ergiebt sich aber von selbst aus der prinzipiellen Anerkennung der vollen Geschäftsfähigkeit der Frau. Vgl. Sächs. BGB. 1693. Schweiz. Vorentw. 269, 263.

[5]) Vgl. Code civil 217 ff., 1538. ALR. II, 1 § 223 ff.

Schenkungen unter Ehegatten aufgenommen. Die bisher erforderliche Genehmigung des Mannes zu dem selbständigen Betriebe eines Erwerbsgeschäftes ist in Wegfall gekommen[1]). Nur zur Eintragung einer Ehefrau in das Börsenregister bedarf es, soweit sie nicht Handelsfrau ist, auch bei Gütertrennung der Zustimmung des Mannes[2]).

Steht eine in Gütertrennung lebende Ehefrau unter elterlicher Gewalt oder unter Vormundschaft, so hat ihr gesetzlicher Vertreter die Verwaltung ihres Vermögens, sowie die gerichtliche und außergerichtliche Vertretung in Angelegenheiten ihrer Person und ihres Vermögens; alle Willenserklärungen der Frau, durch die sie nicht lediglich einen rechtlichen Vortheil erlangt, bedürfen seiner Einwilligung (107 ff., 114). Nur die unmittelbare Fürsorge für ihre Person steht dem Manne zu[3]). Das dem Träger der elterlichen Gewalt an dem Vermögen des Hauskindes zustehende Nutznießungsrecht fällt weg, wenn die Ehe mit seiner Genehmigung geschlossen ist; fehlt es an dieser Genehmigung, so behält er auch das Nutznießungsrecht (1661) und der Anspruch des Mannes auf einen Beitrag der Frau zu dem ehelichen Aufwande beschränkt sich auf ihr freies Vermögen (1650 f.). Steht die Frau unter Vormundschaft und ist der Ehemann zu ihrem Vormunde bestellt (1900, 2), so bedarf es zur Feststellung ihres Beitrages der Einsetzung eines Pflegers (181, 1909).

§ 3. Die Eheverträge.

BGB. §§ 1432—1436. Unzner, a. a. O. IV, 189—200. Schmidt und Habicht 342 ff. Cosack II. 461 f., Endemann II³ § 182.

Den Ehegatten ist die vom Gesetze abweichende Regelung ihrer güterrechtlichen Verhältnisse durch Ehevertrag gestattet. Die Abschließung, Aufhebung und Aenderung von Eheverträgen kann vor wie während der Ehe erfolgen[4]). Dies gilt auch für alle vor 1900 geschlossenen

---

[1]) Vgl. S. 18 f. Das daselbst Bemerkte gilt auch für die übrigen Güterstände. Vgl. §§ 1452, 1533, 1549. Schweiz. Vorentw. 186.

[2]) HGB., EG. v. 10. Mai 1897, Art. 14.

[3]) BGB. §§ 1354, 1357 f., 1633, 1800. Ist eine volljährige Ehefrau entmündigt, so hat der Vormund auch diese Fürsorge für ihre Person (1901, 2).

[4]) So in Uebereinstimmung mit den meisten geltenden Rechten und dem Schweiz. Vorentw. 195, entgegen dem Code civil 1394 f. und (für einen besonderen Fall) ALR. II, 1 § 354. Vgl. preuß. Gesetz v. 20. März 1837.

Ehen[1]) sowie für die Ehen von Ausländern, die im Inlande wohnen, und von naturalisirten Inländern, die erst nach der Eheschließung die Reichsangehörigkeit erworben haben (EG. 15, 2). Der Vertrag ist von den Verlobten oder Ehegatten oder ihren Bevollmächtigten bei gleichzeitiger Anwesenheit vor Gericht oder Notar abzuschließen[2]). Bei beschränkt geschäftsfähigen Personen kann die Abschließung nur mit Einwilligung der gleichzeitig anwesenden gesetzlichen Vertreter oder durch die letzteren erfolgen. Nur bei Verträgen über Begründung oder Aufhebung der allgemeinen Gütergemeinschaft oder der Fahrnißgemeinschaft sowie über die Ausschließung der fortgesetzten Gütergemeinschaft ist die Abschließung durch die gesetzlichen Vertreter unzulässig[3]).

Soweit der Ehevertrag die Stellung der Ehegatten dritten Personen gegenüber regelt, bedarf er zu seiner vollen Wirksamkeit der Eintragung in das Güterrechtsregister (§ 1435). Nach dem Vorgange des

---

[1]) EG. 200, 2. Vor 1900 abgeschlossene Eheverträge, soweit sie sich nicht auf die Festsetzung eines bestimmten Güterstandes beschränken und infolge dessen zum Theil der Ueberleitung unterliegen, werden auch fernerhin nur nach dem bisherigen Rechte beurtheilt.

[2]) BGB. § 1434. Ges. betr. die freiw. Gerichtsbarkeit §§ 165—178. Das Erforderniß gleichzeitiger Anwesenheit findet sich erst in dem von der Gesetzkommission an den Bundesrath überreichten Entwurfe, die Kommissionsentwürfe erster und zweiter Lesung (§ 1335, § 1333) verlangen nur gerichtliche oder notarielle Beurkundung (128). Der Abschluß unter Anwesenden wird auch bei der Auflassung (925) und dem Erbvertrage (2276, 1) gefordert, bei dem letzteren aber, auch wenn er mit einem Ehevertrage in derselben Urkunde verbunden ist, noch mit der Verschärfung, daß der Erblasser persönlich anwesend sein muß (2274), während andererseits die sonst bei Erbverträgen erforderliche Zuziehung von Zeugen bei dem mit einem Ehevertrage verbundenen Erbvertrage nicht nothwendig ist (2276, 2). Bei der Eheschließung wird gleichzeitige persönliche Anwesenheit der beiden Verlobten verlangt (1317). Dagegen ist die Abschließung von Eheverträgen durch Vertreter nicht ausgeschlossen, wonach die 1. Auflage zu berichtigen ist. In Baden, Bayern, Elsaß-Lothringen, Rheinhessen und dem früheren Gebiete des französischen Rechts in der preußischen Rheinprovinz können Eheverträge nur notariell abgeschlossen werden. Andererseits wird in einzelnen Bundesstaaten (z. B. Lippe) die freiwillige Gerichtsbarkeit nur von den Amtsgerichten ausgeübt. Vgl. EG. 141.

[3]) BGB. §§ 1437, 1508, 1549. Derartige Verträge sind daher bei Geschäftsunfähigkeit des einen Theils schlechthin ausgeschlossen. Steht die Frau unter elterlicher Gewalt, so genügt die Einwilligung des Gewaltträgers in den von ihr abgeschlossenen Vertrag Steht dagegen einer der Vertragschließenden unter Vormundschaft, so bedarf er außer der Einwilligung des Vormundes noch der Genehmigung des Vormundschaftsgerichts.

französischen und oldenburgischen Rechts dürfen die Eheverträge keine Verweisungen auf aufgehobene oder ausländische Gesetze enthalten, doch macht das BGB., aus schonender Rücksicht für das durch das Nationalitätsprinzip beseitigte Domizilprinzip im Gebiete des internationalen Privatrechts, eine Ausnahme zu Gunsten der lex domicilii des im Auslande wohnenden Ehemannes[1]).

Der Ehevertrag kann auch mit einem Erbvertrage der Verlobten oder Ehegatten verbunden werden. Geschieht dies in derselben Urkunde, so genügt die Beobachtung der für den Ehevertrag vorgeschriebenen Formen und Voraussetzungen[2]).

Bei den gesetzlich normirten vertragsmäßigen Güterständen der Gütertrennung, der allgemeinen Gütergemeinschaft, Errungenschaftsgemeinschaft und Fahrnißgemeinschaft beansprucht das Gesetz im allgemeinen nur dispositive Geltung; einzig die Bestimmungen über die fortgesetzte Gütergemeinschaft sind der Privatbeliebung insofern entzogen, als sie durch Ehevertrag oder letztwillige Verfügung nur im Ganzen ausgeschlossen, aber nicht im Einzelnen abgeändert werden können[3]).

§ 4. Die allgemeine Gütergemeinschaft.

BGB. §§ 1437—1518. Unzner, a. a. O. IV. 200—283. Cosack II. 463 ff. Endemann II³. §§ 184—187. Matthiaß II³. §§ 91—94. Enneccerus und Lehmann II. 317—332.

Die allgemeine Gütergemeinschaft tritt nach dem BGB. nur auf Grund eines Ehevertrages ein[4]), außerdem sind nach den Landesaus-

---

[1]) BGB. § 1433. EG. 15. Vgl. Code civil 1390. Ueber sonstige Grenzen der Vertragsfreiheit vgl. Unzner IV. 191 f. Insbesondere können keine Vereinbarungen getroffen werden, die den Grundgedanken des gewählten Güterstandes zuwider sind.

[2]) BGB. §§ 2275, 2, 3. 2276, 2. 2290, 3.

[3]) BGB. §§ 1508, 1518. Der Grund dieser Bestimmung liegt darin, daß die erheblichen Erb- und Pflichttheilsbeschränkungen, die den Kindern durch die fortgesetzte Gütergemeinschaft auferlegt werden, durch die aus dieser von Rechtswegen erwachsenden Vortheile ausgeglichen werden, willkürliche Beschränkungen der letzteren durch die Eltern daher ausgeschlossen sein sollen. Vgl. Motive zum ersten Entwurf IV, 424.

[4]) Vgl. Schweiz. Vorentw. 244—263. Ueber die Voraussetzungen des Ehevertrages vgl. S. 48.

führungsgesetzen auch für die meisten vor 1900 begründeten Güterstände der allgemeinen Gütergemeinschaft die Vorschriften des BGB. maßgebend [1]).

Mit dem Eintritt der allgemeinen Gütergemeinschaft [2]) werden alle einzelnen Vermögensgegenstände der Ehegatten von Rechtswegen gemeinschaftlich, ohne daß es einer Uebertragung oder Buchung bedarf; jeder Ehegatte ist aber berechtigt, die Mitwirkung des andern zur Berichtigung des Grundbuches zu verlangen (1438). In derselben Weise wird jeder spätere Erwerb eines Ehegatten, mit Ausnahme des Vorbehaltsgutes, sofort von Rechts wegen Gesammtgut. Das Rechtsverhältniß der Ehegatten zu dem Gesammtgute ist, wie bei dem Gesellschaftsvermögen, als Miteigenthum zur gesammten Hand (ohne Bruchtheile) aufgefaßt [3]). Daher ist kein Ehegatte berechtigt, Theilung zu verlangen

---

[1]) Dies ist, ohne Unterscheidung zwischen gesetzlichen und vertragsmäßigen Güterständen, insbesondere der Fall bei der allgemeinen Gütergemeinschaft des ALR., des Bremer und Hamburger Stadtrechts, der pommerischen Bauerordnungen von 1616 und 1764, der Stadtrechte von Stettin, Pölitz, Pyritz, Altdamm und Garz a. O., des Fuldaer Rechts in S.-Weimar, der in Schleswig-Holstein, Hannover (hier mit Ausnahme der in die Höferolle eingetragenen Bauergüter), Hessen-Nassau, Hohenzollern, Bayern, Hessen, beiden Meklenburg, S.-Koburg-Gotha und S.-Meiningen geltenden Partikularrechte, ferner bei der vertragsmäßigen allgemeinen Gütergemeinschaft des sächsischen BGB., des Code civil und des Bad. Landrechts (in Bayern und Preußen). Bei der allgemeinen Gütergemeinschaft nach dem westfälischen Gesetze v. 16. April 1860 bleibt es, abgesehen von einzelnen Aenderungen des preußischen Ausführungsgesetzes, bei dem alten Rechte, ebenso behält die Gütergemeinschaftsordnung von 1786 im Fürstenthum Lippe für die nach ihr geschlossenen Ehen ihre Geltung. Für die vertragsmäßige allgemeine Gütergemeinschaft in Württemberg bewendet es bei den Bestimmungen des Ehevertrages.

[2]) Bei den vor 1900 geschlossenen Ehen nach Würzburger Landrecht, Schweinfurter Stadtrecht und dem Rechte der Grafschaft Castell, ferner nach dem Nordstrander und Wurster Landrecht und dem Lübischen Rechte in Pommern tritt die allgemeine Gütergemeinschaft erst mit der Geburt eines Kindes ein. Dieselbe Bedingung kann auch in neueren Ehen durch Ehevertrag festgesetzt werden, wie überhaupt eine vertragmäßige Hinausschiebung gestattet ist. Vgl. Unzner IV. 192. Ohne eine derartige Bestimmung beginnt die Gütergemeinschaft mit der Eheschließung, bei Abschließung des Vertrages während der Ehe mit dem Vertragsschlusse.

[3]) BGB. §§ 1442, 719. Civ.-Pr.-O. 860. Schweiz. Vorentw. 244. Mit der gesammten Hand hängt es zusammen, daß die gesetzliche Unterhaltspflicht eines Ehegatten gegen seine Verwandten sowie die Aussteuerpflicht gegenüber der heirathenden Tochter nicht nach seinem Antheil, sondern nach dem ungetheilten Gesammtgute bemessen wird. Vgl. BGB. §§ 1604, 2. 1620, 2.

oder über seinen Antheil am Gesammtgute oder an einzelnen Bestandtheilen desselben zu verfügen[1]); Gesammtgutsschuldner sind zur Aufrechnung nur bei Forderungen an das Gesammtgut, nicht aber bei Forderungen an einen der Ehegatten befugt; den einseitigen Gläubigern eines Ehegatten steht für die Dauer der Gütergemeinschaft keine Zwangsvollstreckung in den Antheil desselben am Gesammtgute zu.

Vorbehaltsgut ist bei der allgemeinen Gütergemeinschaft auch für den Mann zulässig[2]). Es giebt hier nur rechtsgeschäftliches, kein gesetzliches Vorbehaltsgut, also nur solches, das durch Ehevertrag oder durch Bestimmung des Erblassers oder Schenkers vorbehalten ist[3]). Für die Surrogate des Vorbehaltsgutes gelten dieselben Regeln wie bei der Verwaltungsgemeinschaft (S. 20). Das Vorbehaltsgut ist von dem Gesammtgute ausgeschlossen und unterliegt den für die Gütertrennung geltenden Vorschriften[4]). Demnach fallen auch die Erträge des Vorbehaltsgutes nicht in die Gemeinschaft; einen Beitrag zur Bestreitung des ehelichen Aufwandes hat die Frau aus ihrem Vorbehaltsgute nur insoweit zu leisten, als die in das Gesammtgut fallenden Einkünfte nicht ausreichen[5]).

Nur der Substanz nach sind auch die Sondergüter, d. h. alle unübertragbaren Rechte eines Ehegatten, von dem Gesammtgute ausgeschlossen, denn was überhaupt nicht durch Rechtsgeschäft zu übertragen ist, kann auch nicht auf Grund eines Ehevertrages in das Gesammtgut eingebracht werden[6]). Dagegen fallen die Erträge der Sondergüter

[1]) Von Todes wegen kann jeder Ehegatte über seinen Gesammtgutsantheil verfügen. Vgl. BGB. §§ 1482, 1509, 1511 ff., 2331.

[2]) BGB. § 1440.

[3]) Daher fällt auch aller Arbeitserwerb der Frau sowie der Ertrag eines von ihr nicht ausschließlich für Rechnung des Vorbehaltsgutes betriebenen Erwerbsgeschäftes in die Gemeinschaft. Im übrigen gelten die gleichen Regeln wie bei der Verwaltungsgemeinschaft (S. 16 ff.). In den nach Hamburger Recht geschlossenen Ehen bleibt das Frauengeräthe gesetzliches Vorbehaltsgut.

[4]) BGB. §§ 1440, 1. 1441. Daß das Vorbehaltsgut des Mannes nach den für die Gütertrennung geltenden Vorschriften behandelt wird, ist nicht ausdrücklich ausgesprochen, versteht sich aber bei der Ausschließung vom Gesammtgute von selbst.

[5]) BGB. § 1441. Hat auch der Mann Vorbehaltsgut, so kommen die Erträge desselben selbstverständlich bei der Bemessung des von der Frau zu leistenden Beitrages mit in Rechnung. Vgl. S. 45, Anm. 4.

[6]) BGB. § 1439. Beispiele: Vorkaufsrecht (514), Nießbrauch (1059), beschränkt persönliche Dienstbarkeiten (1092), Familienfideikommisse und Stammgüter, Lehen, Ansprüche aus der öffentlichen Unfall-, Krankheits-, Alters- und Invalidenversicherung,

in die Gemeinschaft, ebenso alles was für die Ablösung oder Verletzung eines Sonderrechts als Abfindung oder Entschädigung erworben wird [1]). Im übrigen unterliegen die Sondergüter denselben Vorschriften wie bei der Errungenschaftsgemeinschaft [2]).

Alles von einem Ehegatten eingebrachte oder später erworbene Vermögen, das nicht Vorbehaltsgut oder Sondergut ist, gehört zum Gesammtgute. Die Verwaltung steht dem Manne zu, der insbesondere berechtigt ist, alle zu dem Gesammtgute gehörenden Gegenstände in Besitz zu nehmen und Rechtsstreitigkeiten über Gesammtgut in eigenem Namen zu führen [3]). Zu Verfügungen über unbewegliche Sachen bedarf er der Einwilligung der Frau, ebenso zur Eingehung einer Verpflichtung zu derartigen Verfügungen [4]). Ueber das übrige

---

Antheil an der fortgesetzten Gütergemeinschaft (1487, 1442). Andere Beispiele BGB. §§ 399, 400 (mit Civ.-Pr.-O. 850 ff.), 717, 719, 1300, 1585, 1623, 1658. Der erste Entwurf (§ 1351) wollte das Sondergut in sehr viel weiterem Umfange, namentlich auf Grund von Eheverträgen, zulassen. Die Beschränkung des Begriffes auf die Fälle, wo er von selbst gegeben war und nicht umgegangen werden konnte, war eine wesentliche Verbesserung, nur hätte man damit nicht auch die zutreffende Bezeichnung „Sondergut" aufgeben sollen.

[1]) Das Surrogationsprinzip des § 1524 ist hier ausdrücklich ausgeschlossen.

[2]) Der Mann hat also die Verwaltung nach denselben Grundsätzen wie bei der Verwaltungsgemeinschaft.

[3]) BGB. § 1443, 1. Die bei der Verwaltungsgemeinschaft geltenden Beschränkungen des Mannes in der Prozeßführung (S. 37) finden hier keine Anwendung. Der Schweiz. Vorentw. 246 verlangt bei allen über die ordentliche Verwaltung hinausgehenden Verfügungen des einen Ehegatten die Zustimmung des andern, deren Ertheilung aber zu Gunsten eines gutgläubigen Dritten vermuthet wird.

[4]) BGB. § 1445. Das Gesetz spricht nur von Grundstücken, denen aber das Erbbaurecht (1017, 2) und die nach Landesgesetz mit einem eigenen Blatt im Grundbuche ausgestatteten Rechte, das Erbpacht-, Büdner- und Häuslerrecht, das Rentengut, das Bergwerkseigenthum, die vererblichen und veräußerlichen Abbaurechte nicht bergrechtlicher Mineralien und die sogenannten selbständigen Gerechtigkeiten gleichstehen. Vgl. EG. 62, 63, 67, 1, 68, 196. Preuß. Ausführ.-Ges. Art. 37 Nr. 1, Art. 38 § 5, Art. 40. Den Verfügungen über Grundstücke sind außerdem gleich zu achten die Verfügungen über alle mit Grundstücken verbundenen subjektiv-dinglichen Rechte, wie Grunddienstbarkeiten (1018), Vorkaufsrechte (1094, 2. 1103), Reallasten (1105, 2. 1110). Ueber sein Sondergut an Lehen, Stammgütern oder Familienfideikommissen kann der Mann ohne Zustimmung der Frau verfügen. Da jeder Erwerb eines Ehegatten von Rechts wegen Gesammtgut wird, so ergiebt sich die Nothwendigkeit der Zustimmung der Frau, wenn der Mann ein Grundstück kauft und der Kaufpreis hypothekarisch eingetragen werden soll. Ueber Mieth- und Pachtverträge des Mannes vgl. S. 79, Anm. 5.

Vermögen, also über die fahrende Habe und alle nicht den unbeweglichen Sachen gleichgestellten Rechte, hat er freie Verfügung[1]), über das Vermögen als Ganzes oder über einen Bruchtheil desselben aber nur dann, wenn eine unter Zustimmung der Frau von ihm eingegangene Verpflichtung zu einer solchen Verfügung vorliegt[2]). Die Eingehung derartiger Verpflichtungen bedarf stets der Zustimmung der Frau[3]). Eine zweite Beschränkung des Verfügungsrechtes des Mannes besteht darin, daß ihm Schenkungen aus dem Gesammtgute ohne Zustimmung der Frau nur gestattet sind, soweit es sich um eine sittliche Pflicht (z. B. bei Honoraren) oder um eine Anstandspflicht (z. B. bei den üblichen Gelegenheitsgeschenken des täglichen Lebens) handelt[4]). Die Ausstattung von Abkömmlingen, gemeinschaftlichen beider Ehegatten oder einseitigen des Mannes oder der Frau, gilt nicht als Schenkung, soweit das durch die Vermögenslage der Ehegatten gebotene Maß nicht überschritten wird (1465, 1624).

Die Zustimmung der Frau kann unter Umständen, wenn es sich um eine zur ordnungsmäßigen Verwaltung des Gesammtgutes erforderliche Maßregel handelt, auf Antrag des Mannes durch das Vormundschaftsgericht ersetzt werden, und zwar gegen ihren Willen, wenn sie ohne ausreichenden Grund ihre Zustimmung verweigert oder wieder zurücknimmt, und ohne ihren Willen, wenn mit dem Aufschube Gefahr verbunden ist, die Frau aber wegen Krankheit oder Abwesenheit keine Erklärung abgeben kann (1447).

Das BGB. hält sich hinsichtlich der Verfügungen über das Gesammtgut durchaus in den Bahnen des bisherigen Rechts, das nur in einzelnen Partikularrechten dem Manne weitergehende Befugnisse einräumt[5]). Der Mangel der erforderlichen Zustimmung der Frau oder der dieselbe ersetzenden obervormundschaftlichen Ermächtigung hat für die Rechtshandlungen des Mannes dieselben Wirkungen, wie bei dem

---

[1]) BGB. § 1443, 1.

[2]) BGB. § 1444. Das Gesetz spricht nur von Verfügungen im Ganzen; es ist selbstverständlich, daß von Verfügungen über Bruchtheile des Ganzen dasselbe gilt.

[3]) Fehlt diese, so darf der Mann seine Verpflichtung auch nicht ohne ihre Zustimmung erfüllen.

[4]) BGB. § 1446. Unter die gleiche Beschränkung fällt auch jedes Schenkungsversprechen sowie die Erfüllung eines solchen, wenn es ohne die erforderliche Zustimmung der Frau abgegeben wurde, aus Mitteln des Gesammtgutes.

[5]) In den nach Hamburger Recht geschlossenen Ehen behält der Mann trotz der Ueberleitung auch fernerhin das freie Verfügungsrecht über das Gesammtgut.

Güterstande der Verwaltungsgemeinschaft der Mangel der Zustimmung des Mannes bei Verfügungen der Frau[1]). Die unerlaubte Verfügung ist demnach unwirksam, und zwar bei Verfügungen im Ganzen schlechthin, bei Verfügungen über unbewegliche und bei Schenkungen beweglicher Sachen unter der Voraussetzung, daß der Dritte die Eigenschaft des Mannes als Ehemann kannte oder kennen mußte[2]). Einseitige Rechtsgeschäfte des Mannes (z. B. Kündigung einer auf Gesammtgut eingetragenen Hypothek, Grund- oder Rentenschuld) sind unwirksam; der Gläubiger kann die Kündigung sogar zurückweisen, wenn die Einwilligung der Frau ihm nicht schriftlich vorgelegt wird[3]). Einseitige Verfügungen durch Verträge des Mannes (z. B. Abtretung einer Forderung, werden giltig, wenn die Frau nachträglich zustimmt oder wenn die Gütergemeinschaft beendigt wird, ohne daß die Frau ihre Mißbilligung ausgesprochen hat[4]); sie werden ungiltig, wenn die Frau ihre Genehmigung ablehnt. Der Dritte kann den Mann zur Beschaffung einer Erklärung seiner Frau auffordern, worauf nur eine ihm gegenüber abgegebene Erklärung oder ein ihm vom Manne mitgetheilter, die Zustimmung der Frau ersetzender Gerichtsbeschluß berücksichtigt wird. Hat der Dritte bei Abschluß des Vertrages den Mann für ledig gehalten oder seiner Angabe, daß die Frau einverstanden sei, vertraut, so kann er seinerseits den Rücktritt erklären, so lange der Vertrag noch in der Schwebe ist. Das Gesammtgut haftet, wenn der Vertrag hinfällig wird, für ungerechtfertigte Bereicherung (1455).

Die Stellung der Frau hinsichtlich ihres etwaigen Sondergutes, der Schlüsselgewalt (1357), der Verträge über in Person zu bewirkende

---

[1]) BGB. § 1448. Vgl. S. 32 f.

[2]) Die Bestimmung des § 1404 findet keine entsprechende Anwendung, dem Dritten kommt daher der Schutz der §§ 892 und 932 zu statten, doch kann er sich, wenn er die Eigenschaft des Mannes als Ehemann gekannt hat, nicht darauf berufen, daß im Grundbuche nur der Mann als Eigenthümer eingetragen sei (1435). Bei Verfügungen über das ganze Vermögen oder Bruchtheile desselben erfährt der Dritte von vorn herein, daß es sich um eheliches Gesammtgut handelt.

[3]) Zu Kündigungen dieser Art bedarf es der Zustimmung der Frau, weil im Falle der Nichtzahlung das belastete Grundstück zum Zwangsverkaufe kommt. Dagegen bedarf es der Zustimmung nicht, wenn der Mann eine dem Gesammtgute zustehende Hypothek und dgl. kündigt.

[4]) BGB. § 185, 2 findet nur Anwendung, wenn die abgetretene Sache bei der Auseinandersetzung dem Manne zu Theil wird. Blos obligatorische Veräußerungsgeschäfte (S. 56) bleiben auch unter dieser Voraussetzung ungiltig.

Leistungen (1358) und der selbständigen Führung eines Erwerbsgeschäftes (1452) ist dieselbe wie bei dem Güterstande der Verwaltungsgemeinschaft, nur daß die Erträge ihres Sondergutes und ihrer Arbeit in das Gesammtgut fließen, ihre Geschäfte in der Führung des Hauswesens auf Rechnung des Gesammtgutes gehen, dem auch der eheliche Aufwand zur Last fällt (1458), und das Erwerbsgeschäft aktiv und passiv für Rechnung des Gesammtgutes arbeitet. Die Annahme oder Ausschlagung ihr zugefallener Schenkungen, Erbschaften und Vermächtnisse, der Verzicht auf den Pflichttheil und die Ablehnung eines Vertragsangebotes steht ganz in ihrer Hand, der Mann kann weder annehmen, noch ausschlagen, noch ihre Entscheidung hindern[1]). Was durch unerlaubte Verfügungen des Mannes aus dem Gesammtgute an Dritte gekommen ist, kann die Frau ohne seine Mitwirkung gerichtlich zurückfordern (1449). Ebenso steht ihr das Recht zu, einen schon vor Eintritt der Gütergemeinschaft anhängig gewordenen Rechtsstreit ohne ihren Mann zu Ende zu führen (1454); für den Mann bedarf es nur einer vollstreckbaren Ausfertigung des für oder gegen die Frau ergangenen Urtheils (Civ.-Pr.-O. 742, 2).

Im übrigen steht der Frau die gerichtliche wie außergerichtliche Vertretung des Gesammtgutes nur zu, wenn den Mann Krankheit oder Abwesenheit verhindert, eine Erklärung abzugeben, und mit dem

---

[1]) BGB. § 1453. Der Rechtsgrund für die Befugniß der Frau, Erbschaften und Vermächtnisse auszuschlagen, ist derselbe wie bei dem gesetzlichen Güterstande. Vgl. S. 30. Dem Gesammtgute wird durch die Ausschlagung nichts entzogen, was schon zu demselben gehört hätte. Der Schweiz. Vorentw. 247 gestattet die Annahme oder Ausschlagung einer Erbschaft jedem Ehegatten nur mit Zustimmung des anderen oder obervormundschaftlicher Ermächtigung. Bei Annahme einer Erbschaft ohne Zustimmung des Mannes sollte die Frau nach dem ersten Entwurfe des BGB. den Nachlaß als Vorbehaltsgut erwerben. Der zweite Entwurf hat dies fallen lassen, da das in das BGB. aufgenommene Prinzip der beschränkten Haftung des Erben das Gesammtgut genügend schützt. Eben darum ist die Bestimmung einer Inventarfrist nur wirksam, wenn sie beiden Ehegatten gegenüber erfolgt und beide die Erfüllung der Inventarpflicht versäumen; das von einem der Ehegatten errichtete Inventar kommt beiden Ehegatten zu gute, so daß es bei der beschränkten Haftung bleibt (1453, 2. 2008); das Aufgebot der Nachlaßgläubiger und die Eröffnung des Nachlaßkonkurses kann von jedem Ehegatten beantragt werden (vgl. Civ.-Pr.-O. 999, Konk.-O. 218). Es mag hier beiläufig bemerkt werden, daß ich die Ausführungen, welche die unbeschränkte Erbenhaftung nach dem BGB. vertreten und dem Inventar nur die Erzeugung einer Rechtsvermuthung zuschreiben, für gänzlich verfehlt halte.

Aufschub Gefahr verbunden ist. Sie kann in diesem Falle sowohl im Namen des Mannes wie in eigenem Namen Rechtsgeschäfte für das Gesammtgut vornehmen und Prozesse für dasselbe führen[1]). Ebenso kann sie durch das Vormundschaftsgericht zu einem Rechtsgeschäft (nicht zu Prozessen, aber zu Kostenvorschüssen) für das Gesammtgut ermächtigt werden, wenn ein solches zur ordnungsmäßigen Besorgung ihrer persönlichen Angelegenheiten erforderlich ist und der Mann seine Zustimmung ohne ausreichenden Grund verweigert oder widerruft[2]).

Alle Schulden des Mannes sind zugleich Gesammtgutsschulden (1459, 1), aber ohne persönliche Haftung der Frau (1443, 2). Nur für ein Schenkungsversprechen des Mannes ohne die gesetzlich erforderliche Zustimmung der Frau haftet auch das Gesammtgut nicht, ebensowenig für Verträge, durch die sich der Mann ohne die Frau zu einer Verfügung über unbewegliche Sachen oder über das bewegliche Gesammtgut im Ganzen oder zu Bruchtheilen verpflichtet hat[3]). Der eheliche Aufwand fällt dem Gesammtgute zur Last, die dadurch entstandenen Verbindlichkeiten sind demnach Gesammtgutsverbindlichkeiten, für die der Mann zugleich persönlich als Gesammtschuldner, die Frau dagegen nur mit dem Gesammtgute haftet[4]). Schulden der Frau, die unter dem gesetzlichen Güterstande für das eingebrachte Gut verbindlich sein würden, gelten bei der Gütergemeinschaft als Gesammt-

---

[1]) BGB. § 1450. Die Frau bedarf in diesen Fällen ebenso wenig wie bei dem gesetzlichen Güterstande der Ermächtigung des Vormundschaftsgerichtes, während der Mann einer solchen immer bedarf. Bei dem gesetzlichen Güterstande erklärt sich diese verschiedene Behandlung daraus, daß die Frau doch immer nur über ihr eigenes Vermögen verfügt, während es sich für den Mann um fremdes Gut handelt. Dagegen verfügt die Frau bei Gütergemeinschaft über das Gesammtgut und kann selbst den Mann persönlich verpflichten. Der Grund für die größere Beschränkung des Mannes erklärt sich wohl aus der Gefahr des Mißbrauches, auch wird die in Ausnahmefällen eintretende Begünstigung der Frau durch die größere Freiheit des Mannes in der regelmäßigen Vermögensverwaltung wettgemacht.

[2]) BGB. § 1451. Vgl. S. 31.

[3]) Vgl. S. 52 f. Auch für den Mann selbst besteht keine persönliche Haftung. Das Gesammtgut haftet hier nur für ungerechtfertigte Bereicherung (1455).

[4]) Vgl. BGB. § 1458. Die persönliche Haftung des Mannes ergiebt sich aus § 1459, 2, die bloße Sachhaftung der Frau aus § 1443, 2. Haushaltungsgeschäfte der Frau gelten als Verwaltungshandlungen des Mannes (1357), ebenso Geschäfte und Prozesse derselben auf Grund des § 1450, wenn sie im Namen des Mannes und nicht in eigenem Namen gehandelt hat.

gutsverbindlichkeiten[1]). Für sie haftet außer dem Gesammtgute nicht blos die Frau, sondern auch der Mann persönlich als Gesammtschuldner[2]). Bloße einseitige Schulden der Frau und darum bei bestehender Gütergemeinschaft nur in ihr Vorbehaltsgut vollstreckbar sind alle während der Gütergemeinschaft in Ansehung ihres Vorbehaltsgutes entstandenen Verbindlichkeiten sowie diejenigen aus Rechtsgeschäften, die sie ohne Zustimmung des Mannes und mit Ueberschreitung ihrer gesetzlichen Befugnisse vorgenommen hat[3]). Das Gesammtgut haftet hier nur für ungerechtfertigte Bereicherung (1455).

In das Gesammtgut vollstreckbar sind im Allgemeinen nur gegen den Mann ergangene Urtheile, ausgenommen bei Schulden aus einem mit seiner Erlaubniß betriebenen Erwerbsgeschäft oder aus einem Rechtsstreite der Frau, der schon vor der Eheschließung anhängig gewesen oder auf Grund des § 1450 von ihr geführt worden ist[4]).

Der Konkurs des Mannes wirkt bei der Gütergemeinschaft abweichend vom ALR. II, 1 § 421, nicht als Auflösungsgrund. Neben dem etwaigen Vorbehalts- und Sondergute des Gemeinschuldners gehört auch das Gesammtgut zur Konkursmasse, die bei anderen Gemeinschaftsverhältnissen platzgreifende Auseinandersetzung außerhalb des

---

[1]) Vgl. S. 33 ff. BGB. § 1459, 1. Gesammtgutsverbindlichkeiten sind demnach alle vor Beginn der Gütergemeinschaft entstandenen Schulden der Frau; sodann alle Deliktsschulden, Geldstrafen und Prozeßkosten (1460, 2); alle Verbindlichkeiten aus einem Erwerbsgeschäft, das die Frau mit Zustimmung des Mannes, wenn auch ausschließlich mit Mitteln ihres Vorbehaltsgutes, selbständig betreibt (1462); alle der Frau obliegenden gesetzlichen Unterhalts- oder Aussteuerpflichten (1604, 2. 1620, 2. 1581, 2); die Verbindlichkeiten aus den der Frau nicht als Vorbehaltsgut angefallenen Erbschaften oder Vermächtnissen (1461); endlich alle Verbindlichkeiten aus Rechtsgeschäften, welche die Frau während des Bestehens der Gütergemeinschaft mit Zustimmung des Mannes oder richterlicher Ermächtigung (1451) oder auf Grund des § 1450 in eigenem Namen vorgenommen hat (1460, 1).

[2]) BGB. § 1459, 2. Nach dem Schweiz. Vorentw. 248 ff. haftet der Mann für die in der Person der Frau entstandenen Schulden nur mit dem Gesammtgute.

[3]) BGB. §§ 1460—1462. Daß einseitige Schulden der Frau auch nicht in ihr etwaiges Sondergut vollstreckt werden können, ergiebt sich aus BGB. §§ 1412, 1525, 2 und Civ.-Pr.-O. 851.

[4]) Civ.-Pr.-O. §§ 740 f., 742, 2. Ist die Gütergemeinschaft erst während der Ehe eingetreten, so kommt ein nach der Eheschließung anhängig gewordener Rechtsstreit der Frau nur in Betracht, wenn die Ehegatten in Gütertrennung gelebt haben.

Konkursverfahrens findet nicht statt (Konk.=O. 2, 1. 16, 1). Durch Konkurs der Frau wird das Gesammtgut nicht berührt (Konk.=O. 2, 2), derselbe beschränkt sich daher auf ihr Sondergut und Vorbehaltsgut[1]), unbeschadet des Rechtes derjenigen Gläubiger, deren Forderungen Gesammtgutsverbindlichkeiten sind, zugleich gegen den Mann zu klagen.

Die Aufhebung der Gütergemeinschaft während der Ehe kann durch Ehevertrag erfolgen, und zwar unter denselben Voraussetzungen, die von der Errichtung der Gütergemeinschaft gelten (S. 48). Die über einen Ehegatten ausgesprochene Todeserklärung ist kein Aufhebungsgrund[2]); wenn der zurückgebliebene Ehegatte sich wieder verheirathet, so wird mit Schließung der neuen Ehe die erste Ehe und damit zugleich die Gütergemeinschaft aufgelöst (1348, 2). Die Aufhebung durch Gerichtsurtheil erfolgt einmal auf Klage der Frau, sei es wegen einer ihren späteren Erwerb erheblich gefährdenden Ueberschuldung des Gesammtgutes durch Verbindlichkeiten aus der Person des Mannes[3]), oder im Falle der Entmündigung des Mannes wegen Verschwendung[4]), weiter bei erheblicher Gefährdung des Gesammtgutes durch Verschwendung oder widerrechtliche einseitige Verfügungen des Mannes, bei böswilliger Verminderung des Gesammtgutes oder pflichtvergessener, erheblicher, auch für die Zukunft drohender Gefährdung des Unterhaltes der Familie durch den Mann (1468).

---

[1]) Vgl. S. 39, Anm. 1.

[2]) Die Todeserklärung hat daher nur die allgemeinen Wirkungen (18). Erweist sich der Verschollene als noch lebend, so tritt die Gütergemeinschaft nach Maßgabe der §§ 2031 und 2370 ohne Weiteres wieder in Kraft.

[3]) Vgl. ALR. II, 1 § 420. Die Verbindlichkeiten müssen den Werth des Gesammtgutes übersteigen. Sie müssen in der Person des Mannes entstanden sein, Ueberschuldung durch den ehelichen Aufwand bleibt daher außer Betracht. Eine schon vorher ausgesprochene Konkurseröffnung über das Vermögen des Mannes wird durch die Klage nicht berührt.

[4]) In anderen Fällen der Entmündigung oder im Falle einer Pflegschaft wird der Mann in den Rechten und Pflichten, die sich aus der Verwaltung des Gesammtgutes ergeben, durch seinen Vormund oder Pfleger vertreten (1457). Ist die Frau zum Vormunde oder Pfleger bestellt, so kommt ihr diese Vertretung zu (vgl. S. 40, Anm. 2). Vgl. Motive zum ersten Entw. IV, 299 ff., 398 f. Eine Klage auf Wiederherstellung der Gütergemeinschaft, nachdem diese infolge einer Entmündigung des Mannes wegen Verschwendung durch Gerichtsurtheil aufgehoben worden ist, kennt das BGB., abweichend von § 1425, nicht, auch wenn die Entmündigung wieder aufgehoben oder der dieselbe aussprechende Beschluß mit Erfolg angefochten wird.

Der Mann kann auf Aufhebung der Gütergemeinschaft wegen einer seinen späteren Erwerb gefährdenden Ueberschuldung des Gesammtgutes durch Verbindlichkeiten der Frau nur dann klagen, wenn diese Verbindlichkeiten der Art sind, daß sie bei der Auseinandersetzung zu Lasten der Frau geschrieben werden[1]. Wo die Aufhebung der Gütergemeinschaft durch Urtheil erfolgt, tritt sie Dritten gegenüber mit der Rechtskraft des Urtheils, für die Auseinandersetzung unter den Ehegatten aber auf Verlangen des klagenden Ehegatten schon mit dem Zeitpunkte der Klageerhebung ein (1470, 1479).

Mit der Aufhebung der Gütergemeinschaft erlangt jeder Ehegatte ein klagbares Recht auf die Auseinandersetzung, das auch durch Vertrag nicht ausgeschlossen werden kann[2]. Bis zur Beendigung der Auseinandersetzung wird das Gesammthandverhältniß als fortdauernd angesehen, so daß kein Ehegatte über seinen Antheil am Gesammtgute oder den einzelnen dazu gehörenden Gegenständen verfügen, kein Gesammtgutsschuldner eine ihm gegen einen Ehegatten zustehende Sonderforderung zur Aufrechnung bringen kann[3]. Auch das Surrogationsprinzip (S. 23 f.) kommt zu Gunsten des Gesammtgutes zur Anwendung, bei dem Erwerbe von Forderungen aber gegenüber dem Schuldner nur, wenn dieser von der Sachlage Kenntniß hat (1473). Im übrigen erwirbt jeder Ehegatte nur noch für sich und nicht für das Gesammtgut. Ebenso sind die nach Aufhebung der Gütergemeinschaft entstehenden Verbindlichkeiten Sonderverbindlichkeiten der einzelnen Ehegatten und nicht Gesammtgutsverbindlichkeiten. Besitz und Verwaltung des Gesammtgutes steht bis zur Beendigung der Auseinandersetzung nicht mehr dem Manne, sondern beiden Ehegatten gemeinschaftlich zu, und zwar

---

[1] BGB. § 1469. Soweit die Schulden der Frau zu Lasten des Gesammtgutes geschrieben werden, dauert die persönliche Haftung des Mannes auch nach Aufhebung der Gütergemeinschaft fort, seine Auflösungsklage kann sich aber nur auf solche Verbindlichkeiten stützen, für die er nach Aufhebung der Gemeinschaft nicht mehr einzustehen hat. Dagegen kann die Frau auch auf Grund solcher Schulden des Mannes, die schlechthin dem Gesammtgute zur Last fallen (z. B. vorehelicher Schulden), die Auflösung wegen Ueberschuldung des Gesammtgutes verlangen.

[2] Vgl. Unzner, a. a. O. IV, S. 230.

[3] BGB. §§ 1471, 2. 1442. Im Gegensatze zu den Verhältnissen bei bestehender Gütergemeinschaft ist den Gläubigern eines Ehegatten die Pfändung seines Antheils am Gesammtgute gestattet. Vgl. Civ.-Pr.-O. 860, 2. Unzner S. 231.

von dem Augenblick an, wo der Mann von der Aufhebung der Gütergemeinschaft Kenntniß erlangt hat oder sie kennen muß (1472, 1424, 1). Die Frau kann von dem Manne ein nöthigenfalls durch Offenbarungseid zu bekräftigendes Verzeichniß des Gesammtgutes verlangen (260). Jeder Ehegatte kann die Mitwirkung des anderen zu allem, was die ordnungsmäßige Verwaltung fordert, insbesondere auch zur Berichtigung von Gesammtgutsverbindlichkeiten für die er nicht persönlich haftet (1475, 2), verlangen und nöthigenfalls darauf klagen[1]). Zur Erhaltung des Gesammtgutes nothwendige Maßregeln kann jeder Ehegatte auch einseitig treffen. Klagen von Gesammtgutsgläubigern sind entweder gegen beide Ehegatten auf Leistung, oder gegen den einen auf Leistung, gegen den anderen auf Duldung der Zwangsvollstreckung zu richten (Civ.-Pr.-O. 743). Gegenüber Dritten kommt die Aufhebung der Gütergemeinschaft, so lange sie nicht in das Güterrechtsregister eingetragen ist, nur zur Geltung, wenn ihnen Kenntniß derselben nachgewiesen wird (1470, 2).

Nach Berichtigung der Gesammtgutsverbindlichkeiten erfolgt die Auseinandersetzung, wenn nichts anderes vereinbart ist, durch Halbtheilung des Aktivrestes des Gesammtgutes, unter gegenseitiger Abrechnung und Ersatzleistung (1475 ff.). Die Theilung erfolgt nach den Vorschriften für die Gemeinschaft (752 ff.). Dabei ist jeder Ehegatte berechtigt, die von ihm in das Gesammtgut gekommenen sowie die nur für seinen persönlichen Gebrauch bestimmt gewesenen Sachen gegen Ersatz des gegenwärtigen Werthes zurückzunehmen[2]).

Abrechnungen und Ersatzansprüche unter den Ehegatten können im allgemeinen während des Bestehens der Gütergemeinschaft nicht geltend gemacht werden[3]). Solange die Ehe besteht, unterliegen sie keiner Verjährung (204). Die Abrechnung bezieht sich theils auf den Ersatz für Beschädigung des Gesammtgutes durch Verschuldung eines Ehegatten (1359), wobei aber der Mann, abgesehen von unerlaubten einseitigen Verfügungen und von böswilliger Verminderung, für die Verwaltung

---

[1]) Vgl. Civ.-Pr.-O. 895, 1.

[2]) BGB. § 1477, 2. Vgl. Schweiz. Vorentw. 255.

[3]) BGB. §§ 1467, 1541. Ausnahmen: Ersatzansprüche des Vorbehalts- oder Sondergutes der Frau gegen das Gesammtgut oder gegen Vorbehalts- oder Sondergut des Mannes, und umgekehrt. Vgl. Schweiz. Vorentw. 252.

des Gesammtgutes nicht verantwortlich ist[1]), theils auf die Verwendungen von Vorbehalts- oder Sondergut des einen Ehegatten für das des andern oder für das Gesammtgut, und umgekehrt (1466 f.), theils auf die an Abkömmlinge der Ehegatten aus dem Gesammtgute gegebenen Ausstattungen[2]). Der ersatzberechtigte Ehegatte kann die Berichtigung seiner Forderung aus dem Gesammtgute selbst, beziehentlich aus dem auf den anderen Ehegatten entfallenden Theile des Gesammtgutes verlangen[3]). Von den Gesammtgutsverbindlichkeiten kommen alle in Ansehung des Vorbehaltsgutes und die durch unerlaubte Handlungen eines Ehegatten aus der Zeit der Gütergemeinschaft entstandenen nebst den damit zusammenhängenden und gewissen anderen Prozeßkosten auf Sonderrechnung des betreffenden Ehegatten[4]), müssen also von diesem, soweit sie von dem andern Ehegatten oder aus dem Gesammtgute berichtigt sind, ersetzt und, soweit dies bis zur Auseinandersetzung noch nicht geschehen ist, von ihm selbst berichtigt werden[5]).

Ist das Gesammtgut zur Berichtigung der Gesammtgutsverbindlichkeiten unzureichend, so bleibt der Mann den Gläubigern auch nach Beendigung der Gütergemeinschaft für alle ihm oder dem Gesammtgute zur Last fallenden Schulden persönlich verhaftet (1459, 2). Die Gläubiger können sich, soweit diese Schulden in der Person der Frau entstanden sind, nach ihrer Wahl an die Frau oder den Mann halten, dieser hat ihr aber dafür einzustehen, daß sie von den Gläubigern nicht in Anspruch genommen wird (1481, 1). Für die nicht in ihrer Person entstandenen Gesammtgutsverbindlichkeiten haftet die Frau persönlich überhaupt nicht (S. 56). Andererseits hört die persönliche Haftung des Mannes für Gesammtgutsverbindlichkeiten, die bei der Abrechnung zu Lasten der

---

1) BGB. § 1456. Steht der Mann unter Vormundschaft oder Pflegschaft, so hat sein Vormund oder Pfleger (auch die Ehefrau als Vormund) die Verantwortlichkeit nur in gleichem Umfange zu tragen (1457). Die Vorschrift des § 1833 findet keine Anwendung.

2) Der Mann ist für eine ohne Zustimmung der Frau erfolgte Ueberschreitung des durch die Vermögenslage gebotenen Maßes verantwortlich; im übrigen fällt die Ausstattung bei gemeinschaftlichen Abkömmlingen dem Gesammtgute, bei Sonderkindern des einen Ehegatten nur diesem zu (1465).

3) BGB. § 756. Vgl. Unzner IV. S. 237 f.

4) BGB. §§ 1463, 1464. Vgl. S. 56 f.

5) Darum kann er die Mitwirkung des andern Ehegatten zur Berichtigung einer solchen Verbindlichkeit aus dem Gesammtgute nicht verlangen (1475, 2).

Frau fallen, mit Beendigung der Gütergemeinschaft auf (1459, 2); für diese haftet die Frau den Gläubigern persönlich und hat dem Manne dafür einzustehen, daß er von ihnen nicht in Anspruch genommen wird (1481, 2).

Haben aber die Ehegatten das Gesammtgut getheilt, ohne die Gesammtgutsverbindlichkeiten vorher vollständig zu berichtigen, so haftet jeder von ihnen persönlich als Gesammtschuldner, auch wenn es sich um eine Schuld handelt, für die er bisher nur mit dem Gesammtgute haftete; er kann sich aber in diesem Falle durch Herausgabe des bei der Theilung Erhaltenen zum Zwecke der Befriedigung der Gläubiger im Wege der Zwangsvollstreckung von jeder weiteren Haftung befreien[1]). Auch hier hat der Ehegatte, dem die Verbindlichkeit bei der Abrechnung zur Last fällt, dem andern dafür einzustehen, daß er nicht von den Gläubigern in Anspruch genommen wird[2]). Immer aber hat der Ehegatte, der mehr geleistet hat als ihm nach Maßgabe der Abrechnung und seines Antheils am Gesammtgute obliegt, insoweit von dem anderen Ersatz zu fordern (426).

Die Beendigung der Gütergemeinschaft während der Ehe zieht Gütertrennung nach sich, die aber zu voller Wirksamkeit gegen Dritte in das Güterrechtsregister eingetragen werden muß (1436, 1470).

Bei Auflösung der Ehe durch Ehescheidung oder Aufhebung der ehelichen Gemeinschaft findet die Auseinandersetzung nach denselben Grundsätzen wie bei Beendigung der Gütergemeinschaft durch Gerichtsurtheil statt. Die Aufhebung der Gütergemeinschaft tritt mit

---

[1]) BGB. § 1480. Die Beschränkung der Haftung entspricht dem Abandonrecht der Erben (1990 f.). Vgl. Unzner IV. S. 242. Die persönliche Gesammthaftung der Ehegatten auf Grund der unzeitigen Theilung (ähnlich bei den Miterben, BGB. §§ 2058 ff.) hat erst der zweite Entwurf eingeführt. Nach dem Schweiz. Vorentw. 254 haftet der Mann für alle Gesammtgutsschulden persönlich, während die Frau sich durch Ausschlagung ihres Gesammtgutantheils frei machen kann; hat sie ihre Hälfte übernommen, so ist sie haftbar, soweit sie nicht nachweist, daß das Empfangene zur Befriedigung der Gläubiger unzureichend ist. Für die in ihrer Person entstandenen Schulden haftet sie persönlich (a. a. O. 248 ff.).

[2]) BGB. § 1481. Der Anspruch der Frau, auch von den zu Lasten des Gesammtgutes fallenden Gesammtgutsverbindlichkeiten befreit zu werden, kommt nicht in Betracht, solange sie etwas von dem Gesammtgute erhalten hat. Vgl. Unzner zu § 1481, Note 1b.

der Rechtskraft des Urtheils ein[1]). Ist ein Ehegatte allein für schuldig erklärt worden, so hat der andere (bei Scheidung wegen Geisteskrankheit der gesetzliche Vertreter des geisteskranken Ehegatten) die Wahl zwischen der Auseinandersetzung nach den Regeln der allgemeinen Gütergemeinschaft und der beiderseitigen Zurücknahme der eingebrachten Werthe nach den für die Errungenschaftsgemeinschaft geltenden Vorschriften, unter Halbtheilung ebensowohl des reinen Ueberschusses wie des etwaigen Fehlbetrages[2]).

Bei Nichtigkeitserklärung einer nichtigen Ehe wird auch die Gütergemeinschaft mit rückwirkender Kraft aufgehoben, aber mit Ausnahme der Rechte dritter Personen, die in Unkenntniß der Nichtigkeit vorher mit einem der Ehegatten in Rechtsgeschäfte oder Prozesse eingetreten sind (1344). Hat einer der Ehegatten die Nichtigkeit nicht gekannt, so kann er nach seiner Wahl auch die Rechte eines unschuldig geschiedenen Ehegatten geltend machen (1345, 1), in unserem Falle also zwischen drei Güterständen wählen. Die einmal abgegebene Erklärung ist unwiderruflich. Der andere Ehegatte kann eine Frist zur Erklärung setzen (1347), während das Wahlrecht im Falle der Ehescheidung an keine Frist gebunden ist und daher bis zur Beendigung der Theilung ausgeübt werden kann[3]). Das Wahlrecht steht bei der Nichtigkeitserklärung einer wegen Drohung anfechtbaren Ehe dem anfechtungsberechtigten Ehegatten, bei Anfechtung wegen Irrthums aber dem anderen Ehegatten, falls dieser an dem Irrthum unschuldig gewesen ist, zu (1346). Bei der Anfechtung einer Ehe wegen mangelnder Zustim-

---

[1]) BGB. §§ 1564, 1586. Das dem klagenden Ehegatten nach § 1479 zustehende Wahlrecht findet hier keine Anwendung.

[2]) BGB. § 1478. Nur den Werth, den das Eingebrachte zur Zeit der Einbringung gehabt hat, wird zurückerstattet, nicht die eingebrachten Gegenstände selbst. Diese bleiben Gesammtgut und müssen, wenn ein Ehegatte sie auf Grund des § 1477, 2 in Natur zurücknehmen will, dem Gesammtgute nach Maßgabe ihres gegenwärtigen Werthes erstattet werden. Vgl. Unzner zu § 1478, Note 4. Durch die Bestimmung des § 1478 ist den berechtigten Angriffen der Kritik auf die Bestimmungen des ersten Entwurfes, nach denen auch bei Ehescheidung einfache Halbtheilung erfolgte, dem schuldigen Ehegatten also (bei dem Wegfall aller Ehescheidungsstrafen) unter Umständen Gelegenheit gegeben war, sich auf Kosten des andern Theils zu bereichern, in verständiger Weise begegnet. Für die vor 1900 geschlossenen Ehen mit übergeleiteter Gütergemeinschaft ist die Bestimmung des § 1478 nach einigen Ausführungsgesetzen ausgeschlossen.

[3]) Vgl. Unzner zu § 1478, Note 5.

mung des gesetzlichen Vertreters (1331) oder wegen Lebens des für todt erklärten ersten Ehegatten (1350) findet kein Wahlrecht statt [1]).

Bei der Auflösung der Ehe durch den Tod eines Ehegatten, wenn keine gemeinschaftlichen Abkömmlinge vorhanden sind, erfolgt die Auseinandersetzung in derselben Weise wie bei der Beendigung der Gütergemeinschaft unter Lebenden. Der Antheil des verstorbenen Ehegatten gilt als sein Nachlaß und wird nach den allgemeinen Grundsätzen vererbt (1482). Das BGB. hat sich demnach, im Anschluß an das ALR. II, 1 §§ 637 ff., von den Systemen des Anwachsungsrechts, oder des gesetzlichen Leibzuchtsrechts des überlebenden Ehegatten, oder der Auffassung des ihm zufallenden Gesammtgutantheils als einer gleichzeitigen Erbabfindung gegenüber dem verstorbenen gleichmäßig ferngehalten [2]). Die Erben treten bei der Verwaltung bis zur Beendigung der Auseinandersetzung an die Stelle des verstorbenen Ehegatten [3]). Dringende Verwaltungsgeschäfte darf der Ehemann nach dem Tode der Frau nöthigenfalls auch ohne Mitwirkung der Erben erledigen (1472, 1424).

Sind bei der Auflösung der Ehe durch den Tod des einen Ehegatten gemeinschaftliche Abkömmlinge vorhanden, so tritt zwischen diesen und dem überlebenden Ehegatten die fortgesetzte Gütergemein-

[1]) Uebersehen ist der S. 58 berührte Fall, daß die erste Ehe durch die Wiederverheirathung des zurückgebliebenen Ehegatten nach voraufgegangener Todeserklärung aufgelöst, dann aber nach Rückkehr des Verschollenen durch Nichtigkeitserklärung der zweiten Ehe nach § 1350 wiederhergestellt wird. Tritt in diesem Falle auch die Gütergemeinschaft der ersten Ehe wieder ins Leben? Die Frage dürfte nach dem Vorgange der §§ 1436, 1470 und 1587 zu Gunsten der Gütertrennung zu entscheiden sein.

[2]) In den Ehen mit übergeleiteter Gütergemeinschaft bleibt bei der Auflösung einer unbeerbten Ehe durch den Tod eines Ehegatten das bisherige Recht durchweg aufrechterhalten, wenn auch theilweise unter neuer gesetzlicher Regelung. In Preußen, theilweise auch in Hessen, hat der überlebende Ehegatte das Wahlrecht zwischen dem alten Rechte und dem des BGB. Eine Ergänzung des BGB. erscheint wünschenswerth für den Fall, daß ein Ehegatte, um sich zu bereichern, den Tod des andern herbeigeführt hat. Der bloße Verlust seines Erbtheils wegen Erbunwürdigkeit kann hier nicht ausreichen. Man müßte den Erben eine dem Wahlrecht des unschuldig geschiedenen Ehegatten (S. 63) entsprechende Befugniß einräumen.

[3]) Selbstverständlich kommt der überlebende Ehegatte als Miterbe dabei nicht in Betracht.

schaft ein[1]). Ist dieselbe auf Grund einer Todeserklärung eingetreten, so wird sie, wenn der verschollene Ehegatte noch lebt, auf Grund der §§ 2031 und 2370 unter Wiederherstellung der allgemeinen Gütergemeinschaft wieder aufgehoben. Das BGB. faßt die fortgesetzte Gütergemeinschaft zwar nicht in dem Sinne des ersten Entwurfes als eine gütergemeinschaftliche Erbfolge auf, wohl aber als ein dem überlebenden Ehegatten zustehendes Recht, statt seines Erbanspruchs auf ein Viertel an der Gesammtgutshälfte sich die Vortheile der fortgesetzten Gütergemeinschaft anzueignen.

Durch Ehevertrag kann die fortgesetzte Gütergemeinschaft ausgeschlossen, aber nicht abgeändert werden[2]). Der überlebende Ehegatte kann die fortgesetzte Gütergemeinschaft nach dem Eintritt des Todesfalles (nicht aber vorher) durch Erklärung gegenüber dem Nachlaßgericht (mündlich oder durch öffentlich beglaubigte Eingabe) ablehnen (1484). Wird die Erklärung durch einen Bevollmächtigten abgegeben, so ist eine öffentlich beglaubigte Vollmacht erforderlich (1945, 2). Die Ablehnung unterliegt den für die Ausschlagung einer Erbschaft geltenden Vorschriften. Bei beschränkter Geschäftsfähigkeit des überlebenden Ehegatten bedarf sie obervormundschaftlicher Genehmigung[3]). Die

---

[1]) BGB. §§ 1483—1518. Diese Vorschriften finden auch auf die württembergischen Ehen mit allgemeiner Gütergemeinschaft, ferner auf die meisten übergeleiteten Güterstände der allgemeinen Gütergemeinschaft Anwendung, bei der Gütergemeinschaft des ALR. und des Sächs. BGB. aber nur, wenn fortgesetzte Gütergemeinschaft vereinbart ist. Besondere Bestimmungen hat Bremen aufgestellt. Mecklenburg hält für die fortgesetzte Gütergemeinschaft das bisherige Recht fest. Bei der allgemeinen Gütergemeinschaft der pommerschen Bauerordnung von 1616 tritt die fortgesetzte Gütergemeinschaft des BGB. auch mit solchen Erben des verstorbenen Ehegatten ein, die nicht gemeinschaftliche Abkömmlinge sind. Für die Schweiz vgl. Vorentwurf 257—263.

[2]) Vgl. S. 48 f. Der Vertrag kann nicht durch den gesetzlichen Vertreter eines beschränkt geschäftsfähigen Ehegatten, sondern nur durch diesen unter Zustimmung des ersteren geschlossen oder aufgehoben werden; bei bevormundeten Personen bedarf es auch der obervormundschaftlichen Genehmigung (1508, 2. 1437). Erbunwürdigkeit des überlebenden Ehegatten gegenüber dem verstorbenen schließt die fortgesetzte Gütergemeinschaft nicht aus. Anders der erste Entwurf. Vgl. Unzner, zu § 1483, Note 7.

[3]) BGB. § 1484, 2. Die Ablehnung wird in diesem Falle entweder durch den gesetzlichen Vertreter oder durch den überlebenden Ehegatten unter Zustimmung des ersteren erklärt. Vgl. Unzner, zu § 1484, Note 3. Steht der überlebende Ehegatte im Konkurse, so ist die Ablehnung gleichwohl ausschließlich seine Sache, nicht die der Gläubiger (Konk.O. 9).

Ablehnung ist ausgeschlossen, wenn der überlebende Ehegatte die fortgesetzte Gütergemeinschaft bereits ausdrücklich oder durch entsprechende Bethätigung angenommen hat[1]), oder wenn seit seiner Kenntnißnahme von dem Tode des anderen Ehegatten sechs Wochen ohne Erklärung verstrichen sind[2]). Die Beifügung einer Bedingung oder Zeitbestimmung oder die Beschränkung der Ablehnung auf einen Theil des Gesammtgutes macht die Ablehnung unwirksam (1947, 1950). Annahme wie Ablehnung kann binnen sechs Wochen aus den allgemeinen Gründen angefochten werden; die Anfechtung der Annahme gilt als Ablehnung, Anfechtung der Ablehnung als Annahme (1954—1957). Ein vertragsmäßiger Verzicht auf dieses Ablehnungsrecht ist durch § 1518 ausgeschlossen. Soweit ein Ehegatte berechtigt ist, dem anderen den Pflichttheil zu entziehen (2335) oder auf Aufhebung der Gütergemeinschaft zu klagen (1468 f.), ist er befugt, für den Fall seines Todes die fortgesetzte Gütergemeinschaft durch letztwillige Verfügung auszuschließen[3]). Außerdem erscheint es gerechtfertigt, daß in Ergänzung des BGB. auch diejenigen Bestimmungen zu entsprechender Anwendung kommen, nach denen der überlebende Ehegatte aller erbrechtlichen Vortheile gegenüber dem verstorbenen verlustig geht, wenn der letztere wegen eines Verschuldens des überlebenden auf Ehescheidung geklagt hatte und diese Klage nach seinem Tode durch Urtheil für berechtigt erklärt wird. Der überlebende Ehegatte wird unter den gleichen Voraussetzungen als von der fortgesetzten Gütergemeinschaft ausgeschlossen zu gelten haben[4]).

---

[1]) Geschäfte für das Gesammtgut, die der überlebende Ehegatte vor der Ablehnung gemacht hat, werden wie Geschäftsführung ohne Auftrag behandelt. Unaufschiebbare Verfügungen, die er getroffen hat, bleiben aufrechterhalten, ebenso die ihm gegenüber erfolgten einseitigen Rechtsgeschäfte Dritter. Vgl. BGB. § 1959.

[2]) Die Frist beträgt sechs Monate, wenn der überlebende Ehegatte sich bei Beginn der Frist im Auslande aufgehalten oder der verstorbene Ehegatte seinen letzten Wohnsitz nur im Auslande gehabt hat. Ueber die Vererbung des Ablehnungsrechtes, wenn der überlebende Ehegatte vor Ablauf der Erklärungsfrist stirbt, vgl. Unzner zu § 1484, Note 2.

[3]) BGB. § 1509. Auf die letztwillige Verfügung finden die Vorschriften der §§ 2336 f. entsprechende Anwendung. Mit der Ausschließung von der fortgesetzten Gütergemeinschaft ist die Entziehung des Pflichttheils an dem Vorbehaltsgute des Erblassers nicht nothwendig verbunden.

[4]) Vgl. Unzner IV S. 249 f., BGB. §§ 1933, 2077, 2279.

Ist die fortgesetzte Gütergemeinschaft durch Ehevertrag oder durch Ablehnung des überlebenden Ehegatten oder durch begründete letztwillige Verfügung des verstorbenen Ehegatten ausgeschlossen, so tritt Auseinandersetzung und Erbfolge wie bei kinderloser Ehe ein[1]). Dasselbe ist der Fall, wenn nur ein gemeinschaftlicher Abkömmling vorhanden ist und dieser wegen Erbunwürdigkeit ausscheidet oder verzichtet (1517) oder von der fortgesetzten Gütergemeinschaft ausgeschlossen ist (1511).

Die Subjekte der fortgesetzten Gütergemeinschaft sind der überlebende Ehegatte und seine mit dem verstorbenen erzeugten Kinder oder deren Abkömmlinge, soweit sie ohne die fortgesetzte Gütergemeinschaft gesetzliche Erben des verstorbenen Ehegatten geworden wären[2]). Ausgeschlossen sind Erbunwürdige, aber nur für ihre Person, so daß ihre Abkömmlinge an ihre Stelle treten[3]). Ausgeschlossen sind ferner solche Abkömmlinge, die nach Eintritt der fortgesetzten Gütergemeinschaft auf ihre Theilnahme an derselben verzichten[4]) oder früher gegenüber dem verstorbenen Ehegatten, unter Einwilligung des überlebenden, auf ihr Anrecht verzichtet haben[5]). Der Verzicht schließt im Zweifel auch die

---

[1]) BGB. §§. 1484, 3. 1510. Das gesetzliche Erbrecht und das Pflichttheilsrecht des überlebenden Ehegatten gegenüber dem verstorbenen wird von der Ausschließung der fortgesetzten Gütergemeinschaft durch letztwillige Verfügung an sich nicht berührt.

[2]) BGB. §§ 1483, 1. 1924. Den leiblichen Kindern stehen gemeinschaftlich angenommene Kinder (1749) und die nach der Adoption geborenen Abkömmlinge derselben (1762) gleich. In den übergeleiteten Güterständen in Bremen, Hamburg, Hessen, S.-Meiningen und S.-Koburg-Gotha werden auch die vereinkindschafteten Kinder den gemeinschaftlich erzeugten gleichgestellt, dagegen nicht in Preußen, Bayern und S.-Weimar.

[3]) BGB. §§ 1506, 2344. Die persönliche Ausschließung der Erbunwürdigen ergiebt sich auch aus § 1483, 1. Die Erbunwürdigkeit muß gegenüber dem verstorbenen Ehegatten vorhanden sein.

[4]) BGB. § 1491. Der Verzicht erfolgt entweder durch gerichtlich oder notariell beurkundeten Vertrag mit dem überlebenden Ehegatten und den antheilsberechtigten Abkömmlingen oder durch einseitige mündliche oder in öffentlich beglaubigter Form eingereichte Erklärung vor dem Nachlaßgericht. Beschränkt Geschäftsfähige bedürfen obervormundschaftlicher Genehmigung; die Erklärung kann durch den gesetzlichen Vertreter abgegeben werden.

[5]) BGB. § 1517. Der Vertrag sowie die Einwilligung des anderen Ehegatten bedarf gerichtlicher oder notarieller Beurkundung. Er unterliegt den für den Erbverzicht geltenden Vorschriften. Für die Aufhebung des Vertrages gelten dieselben Bestimmungen wie für die Errichtung.

Abkömmlinge des Verzichtenden aus[1]). Endlich können einzelne Abkömmlinge auch durch letztwillige Verfügung des verstorbenen Ehegatten, sei es in einem gemeinschaftlichen Testamente oder mit gerichtlicher oder notarieller Zustimmung des überlebenden, von der Theilnahme an der fortgesetzten Gütergemeinschaft ausgeschlossen werden[2]). Der Ausgeschlossene hat in diesem Falle, unbeschadet seines Erbrechts am Vorbehaltsgute des verstorbenen Ehegatten, nur den halben Geldwerth dessen, was ihm ohne Eintritt der fortgesetzten Gütergemeinschaft aus dem Gesammtgute zugekommen sein würde, als Abfindung zu beanspruchen[3]). Ein Eintritt entfernterer Abkömmlinge an Stelle des Ausgeschlossenen findet nicht statt. Einseitige Abkömmlinge des überlebenden Ehegatten nehmen an der fortgesetzten Gütergemeinschaft nicht theil. Einseitige Abkömmlinge des verstorbenen Ehegatten erhalten ihren Erbtheil wie bei der Auseinandersetzung nach unbeerbter Ehe (1483, 2).

Wenn ein antheilsberechtigter Abkömmling während der fortgesetzten Gütergemeinschaft stirbt oder durch Gerichtsurtheil für todt erklärt wird, so gehört sein Antheil nicht zu seinem Nachlasse, sondern seine Abkömmlinge treten statt seiner, so wie sie nach Maßgabe der gesetzlichen Erbfolgeordnung den verstorbenen Ehegatten, wenn dieser erst jetzt gestorben wäre, beerbt haben würden, in die Gemeinschaft ein; hat er keine erbberechtigten Abkömmlinge hinterlassen, so findet Anwachsungsrecht zu Gunsten der übrigen Gemeiner, ebenfalls nach Maßgabe der Erbfolgeordnung, statt[4]).

---

[1]) BGB. §§ 1491, 4. 1517, 2. 2349. Entgegenstehende Abrede ist zulässig. Vgl. Unzner zu § 1491, Note 3. Der Unterschied gegenüber der Ausschlagung einer Erbschaft, bei der die Abkömmlinge an die Stelle des Ausschlagenden treten (1953, 2), beruht auf der Erwägung, daß der Verzicht regelmäßig nur gegen eine Abfindung (1501) erfolgen wird.

[2]) BGB. §§ 1511, 1516.

[3]) BGB. §§ 1511, 2. 2303, 2325. Zu unterscheiden von dem Falle, wo ein Abkömmling ohne Ausschließung von der fortgesetzten Gütergemeinschaft auf den Pflichttheil beschränkt wird. Vgl. S. 73, Note 3.

[4]) BGB. § 1490. Die Bestimmungen des BGB. entsprechen dem bekannten Satze: „Was in der Were erstirbt, bleibt in der Were". Die an Stelle eines verstorbenen Kindes nachrückenden Enkel treten nicht als dessen Erben, sondern als Erben des verstorbenen Ehegatten kraft eigenen Rechts in die Gemeinschaft ein. Ein etwaiger Verzicht derselben wird nach § 1491 beurtheilt. Sind keine antheilsberechtigten Abkömmlinge mehr vorhanden, so geht das ganze Gesammtgut kraft Anwachsungsrechtes auf den überlebenden Ehegatten über.

Das Gesammtgut der fortgesetzten Gütergemeinschaft umfaßt das bisherige eheliche Gesammtgut, nach Abzug der Abfindungen für die von der Gemeinschaft ausgeschlossenen Abkömmlinge der beiden Ehegatten oder des verstorbenen Ehegatten, ferner alle Erwerbungen des überlebenden Ehegatten während der Dauer der fortgesetzten Gütergemeinschaft und alle Erträge oder Surrogate des Gesammtgutes[1]). Nicht zum Gesammtgute gehört: a) das nach allgemeinen Grundsätzen vererbte Vorbehaltsgut des verstorbenen Ehegatten[2]); b) das bisherige Vorbehaltsgut des überlebenden Ehegatten, sammt dem weiterhin durch Erbschaft oder Schenkung gemachten Erwerbe, wenn er durch Verfügung des Erblassers oder Schenkers zum Vorbehaltsgute bestimmt ist, sowie die Surrogate des Vorbehaltsgutes[3]); c) das bisherige Vermögen und aller fernere Erwerb der Kinder, mit Einschluß ihrer Erbtheile an dem Vorbehaltsgute des verstorbenen Ehegatten[4]). Rein persönliche, unübertragbare Rechte des überlebenden Ehegatten fallen, wie bei der ehelichen Gütergemeinschaft (S. 51) nur hinsichtlich ihrer Früchte und Surrogate in die Gemeinschaft, bleiben aber im übrigen sein Sondergut und unterliegen seiner freien Verfügung (1486, 2).

Die Gemeinschaft tritt bei allen dazu gehörigen Sachen und Rechten von Rechts wegen ein, ohne daß es einer Uebertragung bedarf, doch kann in Grundbuchsachen jede Partei die Mitwirkung der anderen zur Berichtigung des Grundbuches verlangen[5]). Das Rechtsverhältniß

---

[1]) BGB. §§ 1485, 1473, 1.

[2]) BGB. § 1483, 1. Der Erbtheil des überlebenden Ehegatten an dem Vorbehaltsgute des Verstorbenen fällt wieder in die Gemeinschaft. Das Sondergut des Verstorbenen erlischt entweder mit seinem Tode oder es ist Gegenstand einer Sondererbfolge (wie Lehen, Familienfideikommisse), kann also nicht unter die fortgesetzte Gütergemeinschaft fallen.

[3]) BGB. § 1486, 1.

[4]) BGB. § 1485, 2. Was die Abkömmlinge kraft Anwachsungsrechtes durch Aussterben einer antheilsberechtigten Linie von dem Gesammtgute erwerben, bleibt Gesammtgut.

[5]) BGB. §§ 1485, 3. 1438, 2. 3. Gr.-B.-O. 48. Die Eintragung in das Güterrechtsregister findet bei der fortgesetzten Gütergemeinschaft nicht statt. Demgemäß wird auch das Vorbehaltsgut des überlebenden Ehegatten nicht eingetragen. Dagegen bedarf der Eintragung die Ausschließung der fortgesetzten Gütergemeinschaft durch Vertrag (1508).

der fortgesetzten Gütergemeinschaft wird von dem BGB., in überwiegender Uebereinstimmung mit dem bisherigen Rechte, als **Miteigenthum zur gesammten Hand** aufgefaßt[1]). Damit ist ebensowohl das Miteigenthum nach Bruchtheilen (ALR.) und das Alleinerbrecht des überlebenden Ehegatten mit blos gesicherten Erbansprüchen der Kinder, wie auch der gekünstelte Aufbau des ersten Entwurfes (Alleinerbrecht des überlebenden Ehegatten mit darauf folgender communio ex lege zwischen ihm und den Kindern) abgelehnt. Auch die früher vielfach mit der fortgesetzten Gütergemeinschaft verquickte Einkindschaft hat das BGB. nicht aufgenommen, da sie thatsächlich nur noch wenig verbreitet ist und, wo sich ein Bedürfniß ergiebt, leicht durch Annahme an Kindes statt oder im Wege eines Erbvertrages ins Leben gerufen werden kann.

Die **Verwaltung** des Gesammtgutes führt der überlebende Ehegatte, dem das Nachlaßgericht auf Verlangen ein nach dem Vorbilde des Erbscheins zu behandelndes Zeugniß auszustellen hat (1507). Seine Verfügungsgewalt ist dieselbe wie die des Ehemannes bei der allgemeinen Gütergemeinschaft, während die antheilsberechtigten Abkömmlinge das sonst der Ehefrau gebührende Zustimmungsrecht, und zwar mit gesammter Hand, ausüben[2]). Die der Ehefrau zustehenden Verfügungsrechte in der Haushaltung oder bei Abwesenheit oder Krankheit des Mannes, wenn Gefahr im Verzuge, oder auf Ermächtigung durch das Vormundschaftsgericht können von den Abkömmlingen nicht ausgeübt werden[3]). Ueber den Aufwand des gemeinschaftlichen Lebens bestimmt das Gesetz nichts, da einerseits durch das Verfügungsrecht des überlebenden Ehegatten über das Gesammtgut (vgl. §§ 1443, 1456) und die Anerkennung seiner Schulden als Gesammtgutsverbindlichkeiten, anderer-

---

[1]) Vgl. S. 50. BGB. §§ 1487, 1442.

[2]) BGB. 1487, 1. Vgl. S. 52 f. Die gesammte Hand ergiebt sich aus der Art des Miteigenthums (vgl. auch §§ 709, 1. 1495, 1. 1502 i. f.). Ersatz der Zustimmung durch obervormundschaftliche Ermächtigung nach Maßgabe des § 1447. Bei der übergeleiteten Gütergemeinschaft des Hamburger Rechts hat der überlebende Ehegatte freie Verfügung über das Gesammtgut, doch ist der Mann berechtigt, der Frau in dieser Beziehung durch letztwillige Verfügung Beschränkungen aufzuerlegen, wie er sie auch ohne die vom BGB. geforderten Gründe von der fortgesetzten Gütergemeinschaft ausschließen kann.

[3]) Die §§ 1357, 1450, 1451 finden keine Anwendung.

seits durch die gesetzliche Unterhalts- und Aussteuerpflicht (1495, 3. 1601 ff., 1620) genügend Vorsorge getroffen ist[1]).

Die Gesammtgutsverbindlichkeiten aus der ehelichen Gütergemeinschaft gehen als solche auch auf die fortgesetzte Gütergemeinschaft über, außerdem gelten alle früheren und späteren Schulden des überlebenden Ehegatten zugleich als Gesammtgutsverbindlichkeiten der fortgesetzten Gütergemeinschaft (1488). Demgemäß ist jedes gegen den überlebenden Ehegatten ergangene Urtheil ohne weiteres in das Gesammtgut vollstreckbar (Civ.-Pr.-O. 745, 1). Der Konkurs des überlebenden Ehegatten ergreift außer seinem Vorbehalts- und etwaigen Sondergute auch das Gesammtgut, ohne daß die Abkömmlinge ein Recht auf Auseinandersetzung geltend machen können (Konk.-O. 2). Schulden der Kinder sind für das Gesammtgut durchaus unverbindlich; gegen ein Kind ergehende Urtheile sind in das Gesammtgut nicht vollstreckbar; der Konkurs eines Kindes läßt das Gesammtgut unberührt.

Der überlebende Ehegatte haftet für die Gesammtgutsverbindlichkeiten der fortgesetzten Gütergemeinschaft zugleich persönlich (1489, 1), für die aus der allgemeinen Gütergemeinschaft übernommenen aber, soweit sie für ihn nicht persönlich verbindlich waren (S. 61), nur in der Weise eines Erben, also, abgesehen von dem Falle einer Verletzung der Inventarpflicht, mit der Befugniß, seine Haftung auf den bei Eintritt der fortgesetzten Gütergemeinschaft vorhandenen Bestand des Gesammtgutes zu beschränken[2]). Die antheilsberechtigten Abkömmlinge

---

[1]) § 1458 ist in der Aufzählung des § 1487 absichtlich übergangen. Vgl. Motive zu dem ersten Entwurfe IV. 462 f. Einen Anspruch auf Ausstattung (abgesehen von der Aussteuer der heirathenden Tochter) haben die antheilsberechtigten Abkömmlinge nicht, dagegen kann ihnen der überlebende Ehegatte eine solche nach Maßgabe der Vermögensverhältnisse aus dem Gesammtgute geben (1499, 3. 1624). Dieselbe gilt dann bei der späteren Ausgleichung unter den Abkömmlingen zu gleichen Theilen als Zuwendung aus der Gesammtgutshälfte des überlebenden Ehegatten und aus derjenigen der Kinder (2054).

[2]) BGB. § 1489, 2. Civ.-Pr.-O. 305, 2. 786. Diejenigen Gesammtgutsgläubiger, denen der überlebende Ehegatte bisher nur mit seinem Antheil an dem Gesammtgute haftete, können zu ihrer Sicherung gegen die Konkurrenz seiner persönlichen Gläubiger ebensowohl den Gesammtgutskonkurs wie die Anordnung einer Gesammtgutsverwaltung (nach dem Vorbilde der Nachlaßverwaltung) beantragen. Vgl. Unzner IV. S. 256 f.

haften, und zwar auch dem überlebenden Ehegatten gegenüber, nur mit dem Gesammtgute (1489, 3), soweit sie nicht Vorbehaltsgut des verstorbenen Ehegatten geerbt haben und dadurch anderweitig haftbar geworden sind; ihre eigenen Schulden sind reine Sonderschulden, ihre Gläubiger haben dem Gesammtgute gegenüber weder ein Aufrechnungsrecht, noch ein Recht auf Zwangsvollstreckung in ihren Gesammtgutsantheil [1]).

Die fortgesetzte Gütergemeinschaft wird aufgehoben entweder durch gerichtlichen oder notariellen Vertrag des überlebenden Ehegatten mit sämmtlichen antheilsberechtigten Abkömmlingen, oder durch einseitige Rücktrittserklärung des ersteren vor dem Nachlaßgericht [2]). Eine Verpflichtung zur Aufhebung hat der überlebende Ehegatte, wenn er seine Wiederverheirathung beabsichtigt, während ein antheilsberechtigter Abkömmling beschränkt geschäftsfähig ist [3]). Die fortgesetzte Gütergemeinschaft endigt von Rechts wegen mit der Wiederverheirathung, dem Tode oder der Todeserklärung des überlebenden Ehegatten (1493, 1. 1494). Die Auflösung durch Gerichtsurtheil erfolgt auf Klage eines antheilsberechtigten Abkömmlings, wenn der überlebende Ehegatte die elterliche Gewalt über ihn verwirkt oder sich einer zur Verwirkung derselben ausreichenden Verfehlung schuldig macht, oder wenn er wegen Verschwendung entmündigt wird [4]) oder das Gesammtgut arglistig zum Nachtheil des Klägers vermindert oder es durch Vergeudung oder durch einseitige Verfügungen ohne die erforderliche Zustimmung des

---

[1]) BGB. §§ 1487, 1. 1442, 2. 719, 2. 725, 2. Civ.-Pr.-O. 860. Sind einseitige Abkömmlinge des verstorbenen Ehegatten abzufinden gewesen, so haften diese nach Maßgabe ihres Erbtheils als Miterben.

[2]) BGB. § 1492. Das Nachlaßgericht hat den übrigen Theilhabern, unter Umständen auch dem Vormundschaftsgericht die Erklärung mitzutheilen. Ist der überlebende Ehegatte beschränkt geschäftsfähig, so bedarf die Aufhebung obervormundschaftlicher Genehmigung. Während eines über den überlebenden Ehegatten eröffneten Konkurses ist die Aufhebung ausgeschlossen.

[3]) BGB. §§ 1493, 2. 1669, 1314, 2. Dem Vormundschaftsgericht hat der überlebende Ehegatte die Absicht seiner Wiederverheirathung anzuzeigen und ein Verzeichniß des Gesammtgutes einzureichen. Das Gericht kann die Aufhebung der Gemeinschaft erlassen, so daß es bei der gesetzlichen Beendigung durch die Eheschließung sein Bewenden behält.

[4]) Im übrigen finden für den Fall einer Bevormundung des überlebenden Ehegatten die bei der allgemeinen Gütergemeinschaft geltenden Regeln entsprechende Anwendung. Vgl. S. 58, Note 4. BGB. §§ 1487, 1. 1457.

Klägers erheblich gefährdet, oder wenn er die ihm gegenüber dem Kläger obliegende Unterhaltspflicht verletzt hat und für die Zukunft eine erhebliche Gefährdung des Unterhalts zu besorgen ist (1495). Die Auflösung der Gemeinschaft tritt für alle Betheiligten, auch wenn sie nicht mitgeklagt haben, mit der Rechtskraft des Urtheils, auf Verlangen sämmtlicher Abkömmlinge aber schon mit dem Zeitpunkte der Klageerhebung ein (1496, 1479, 1498).

Bis zur Beendigung der Schichtung („Auseinandersetzung") wird das Gesammtgut von dem überlebenden Ehegatten und den betheiligten Abkömmlingen gemeinschaftlich verwaltet, wobei dieselben Grundsätze wie bei der Liquidation der allgemeinen Gütergemeinschaft (S. 59 f.) platzgreifen [1]).

Die Schichtung erfolgt nach den für die Auflösung der allgemeinen Gütergemeinschaft geltenden Regeln [2]). Nach Befriedigung der Gesammtgutsgläubiger erhält der überlebende Ehegatte die eine Hälfte des Gesammtgutes (ist er gestorben, so gehört sie zu seinem Nachlaß und wird nach den allgemeinen Grundsätzen vererbt). Die andere Hälfte theilen die zur Zeit vorhandenen antheilsberechtigten Abkömmlinge nach Verhältniß ihres Erbrechts gegen den verstorbenen Ehegatten, indem der Zeitpunkt der Beendigung der fortgesetzten Gütergemeinschaft als der Zeitpunkt des Erbfalles angesehen wird [3]). Soweit das Gesammtgut während der letzten zehn Jahre durch gemeinschaftliche Schenkungen geschmälert worden ist, finden die Vorschriften über die Ergänzung des

[1]) BGB. §§ 1497, 1472. Civ.-Pr.-O. 745.

[2]) Vgl. S. 60 f. BGB. § 1498. In den übergeleiteten Güterständen der allgemeinen Gütergemeinschaft finden hier vielfache Abweichungen statt.

[3]) Vgl. S. 67 f. BGB. § 1503, 1. Erbunwürdige (S. 67 Anm. 3) erhalten, auch wenn sie nicht schon vorher von der Gemeinschaft ausgeschlossen gewesen sind, keinen Antheil (1506); an ihre Stelle treten ihre erbberechtigten Abkömmlinge. Durch ein gemeinschaftliches Testament der Ehegatten oder durch letztwillige Verfügung des verstorbenen Ehegatten unter Zustimmung des überlebenden können die Schichtantheile einzelner Abkömmlinge herabgesetzt oder unter Angabe gesetzlicher Enterbungsgründe gänzlich entzogen werden, wobei der halbe Schichttheil als Pflichttheil angesehen wird (§§ 1512 f., 1516). Vgl. S. 68. Note 3. Was in dieser Weise einem der Antheilsberechtigten entzogen wird, wächst den übrigen zu, falls nicht die letztwillige Verfügung die Zuwendung an einen Dritten angeordnet hat (§ 1514). Die Ausgleichung der schichttheilsberechtigten Abkömmlinge wegen des Vorempfangenen erfolgt nach den allgemeinen Grundsätzen des Erbrechts (§ 1503, 2050—2057, 2316). Der überlebende Ehegatte als Schichtgeber ist mit seiner Hälfte an dem Gesammtgute endgültig abgefunden. Sein Erbrecht an der Gesammtgutshälfte des verstorbenen Ehegatten

Pflichttheils entsprechende Anwendung[1]). Bei den Abrechnungen und Ersatzansprüchen, die, soweit es sich um Ansprüche zwischen dem überlebenden Ehegatten und dem Gesammtgute handelt, erst bei der Schichtung geltend gemacht werden dürfen[2]), werden Abfindungen, die den durch Verzicht oder letztwillige Verfügung von der fortgesetzten Gütergemeinschaft ausgeschlossenen oder später zurückgetretenen Kindern verabfolgt sind, in das Gesammtgut eingerechnet und auf den Halbtheil der Kinder angerechnet, so daß der überlebende Ehegatte den entsprechenden Betrag vorwegerhält[3]), während er andererseits für Ausstattungen, die er aus dem Gesammtgute an Dritte oder in übermäßiger Höhe an antheilsberechtigte Abkömmlinge gegeben oder versprochen hat, aufkommen muß (1499, 3). Was an einseitige Abkömmlinge des ver-

---

ist durch die fortgesetzte Gütergemeinschaft beseitigt. Vgl. Unzner IV. S. 265. Was die antheilsberechtigten Abkömmlinge bei der Schichtung erhalten, gilt als ihr Erbtheil von dem verstorbenen Ehegatten, so daß ihnen ihr zukünftiges Erbrecht gegen den überlebenden Ehegatten verbleibt, während die Abschichtung nach einigen älteren Rechten die Bedeutung einer Todtheilung hatte. In den übergeleiteten Güterständen ist die letztere im allgemeinen beseitigt, in Hamburg sogar für die schon vor 1900 vollzogenen Schichtungen.

[1]) BGB. § 1505. Zum Verständniß dieser recht unklar gefaßten Bestimmung diene folgendes Beispiel. Werth des Gesammtgutes 4000 M., dem aber der Gesammtwerth von 6000 M. an früheren Schenkungen zugerechnet werden muß. Der Schichtantheil würde sich hiernach auf 5000 M. berechnen, wovon die Hälfte mit 2500 M. als Pflichttheil erscheint. Da die Abkömmlinge nur 2000 M. als Gesammtgutsantheil erhalten, so haben sie noch einen Ergänzungsanspruch auf 500 M., die von den Beschenkten nach Maßgabe der §§ 2325—2330 aufzubringen sind. Vgl. Unzner, zu § 1505.

[2]) BGB. § 1487, 2. Der Ersatz wird wie bei der allgemeinen Gütergemeinschaft durch Anrechnung auf den Antheil des Schuldners am Gesammtgute geleistet. Für Gesammtgutsverbindlichkeiten haften die Abkömmlinge überhaupt nur in dieser Weise; reicht ihr Gesammtgutsantheil nicht aus, so hat der überlebende Ehegatte die Einbuße zu tragen. Was der verstorbene Ehegatte oder einer der Abkömmlinge zu dem Gesammtgute schuldet oder von diesem zu fordern hat, ist sofort zu leisten.

[3]) BGB. §§ 1501, 1511, 3. Die Abfindungen oder Pflichttheile fallen bei der Theilung der Abkömmlinge unter sich denjenigen zur Last, denen der Verzicht oder die Ausschließung zu gute gekommen ist. Durch gerichtlichen oder notariellen Vertrag kann der überlebende Ehegatte mit den antheilsberechtigten Abkömmlingen von vornherein besondere Abreden über die Vertheilung der Abfindungen treffen, die dann auch für später nachrückende Abkömmlinge verbindlich sind (1501, 2).

storbenen Ehegatten als Erbtheil ausgekehrt worden ist, bleibt bei der Schichtung unberücksichtigt. Von den Gesammtgutsverbindlichkeiten kommen auf Rechnung des Schichtgebers alle in Ansehung seines Vorbehaltsgutes oder durch unerlaubte Handlungen von seiner Seite während der allgemeinen oder der fortgesetzten Gütergemeinschaft entstandenen, für die Frau als Schichtgeberin außerdem diejenigen ihrer früheren Schulden, die erst durch die fortgesetzte Gütergemeinschaft zu Gesammtgutsverbindlichkeiten geworden sind, während das Gesammtgut der allgemeinen Gütergemeinschaft nicht dafür haftete[1]). Alle übernommenen Gesammtgutsverbindlichkeiten der letzteren, die bei sofortiger Auseinandersetzung zu Lasten des verstorbenen Ehegatten gefallen sein würden (S. 61), werden, soweit sie nicht außerhalb der fortgesetzten Gütergemeinschaft von seinen Erben übernommen worden sind, auf den Halbtheil der Schichtnehmer angerechnet (1500). Im übrigen fallen die Gesammtgutsverbindlichkeiten der fortgesetzten Gütergemeinschaft zu Lasten des Gesammtgutes. Für die Verwaltung des letzteren ist der Schichtgeber nur insoweit verantwortlich, als er es arglistigerweise oder durch unerlaubte einseitige Verfügungen geschmälert hat[2]).

Haben die bisherigen Gemeiner das Gesammtgut getheilt, ohne die Gesammtgutsschulden vorher vollständig zu berichtigen, so haftet jeder von ihnen auch nach der Theilung als Gesammtschuldner, die Abkömmlinge aber mit der Befugniß, sich unter entsprechender Anwendung der §§ 1990 f. durch Abandon des aus dem Gesammtgute Empfangenen von weiterer Haftung zu befreien; dem Schichtgeber kommt die beschränkte Haftung nur bei den aus der allgemeinen Gütergemeinschaft übernommenen Gesammtgutsverbindlichkeiten, soweit sie für ihn nicht persönlich verbindlich waren, zu statten[3]). Hat ein Theilhaber mehr geleistet, als ihm auf Grund seiner Sonderrechnung und seines Antheils am Gesammtgute obliegt, so hat er insoweit Ersatz von den übrigen Theilhabern zu beanspruchen. Der Schichtgeber hat den Abkömmlingen dafür einzustehen, daß sie für Gesammtgutsschulden, die nicht auf ihre Sonderrechnung kommen, nicht in Anspruch genommen werden[4]); ist dies gleichwohl geschehen, so haben sie vollen Rückgriff gegen ihn.

---

[1]) BGB. § 1499. Vgl. S. 57.

[2]) BGB. §§ 1487, 1. 1456. Vgl. S. 61, Anm. 1.

[3]) BGB. §§ 1480, 1498, 1504. Vgl. S. 61, 71. Civ.-Pr.-O. 780, 786.

[4]) BGB. §§ 426, 1481, 1498. Vgl. S. 61 f.

Der Schichtgeber ist berechtigt, das Gesammtgut oder einzelne Stücke desselben gegen Ersatz des Werthes zu übernehmen; wird die Gemeinschaft durch Gerichtsurtheil aufgelöst, so steht dies Wahlrecht, aber in beschränkterem Maße, den Schichtnehmern (und zwar zu gesammter Hand) zu (1502). Durch gemeinschaftliches Testament der Ehegatten oder durch letztwillige Verfügung des verstorbenen Ehegatten, unter Zustimmung des überlebenden, kann einem einzelnen Abkömmling das Wahlrecht eingeräumt werden, auch unter Festsetzung des Uebernahmepreises, der bei Landgütern aber nicht unter dem Ertragswerthe angesetzt werden darf [1]).

§ 5. Die Errungenschaftsgemeinschaft.

BGB. §§ 1519—1548. Unzner, a. a. O. IV. 283—302. Cosack II. 478 ff. Endemann II³. § 188. Matthiaß II³. § 95. Schefold, die Errungenschaftsgemeinschaft des BGB., 1898.

Die Errungenschaftsgemeinschaft des BGB. tritt nur auf Grund eines Ehevertrages ein [2]), soweit sie nicht nach Maßgabe der Landesausführungsgesetze für die vor 1900 begründeten Güterstände der Errungenschaftsgemeinschaft die Bedeutung eines gesetzlichen Güterstandes erhält [3]).

Bei dem Güterstande der Errungenschaftsgemeinschaft stehen dem Gesammtgute die Sondergüter der Ehegatten, seit dem zweiten Entwurfe in wenig glücklicher Weise als das „eingebrachte Gut" bezeichnet, einander gegenüber. Der erste Entwurf wollte außerdem Vorbehaltsgüter beider Ehegatten zulassen, da aber Vorbehaltsgut des Mannes im allgemeinen nur bei der allgemeinen Gütergemeinschaft eine innere Berechtigung hat (als Eigenthumsvorbehalt), so ist es im Interesse einer vereinfachten Gestaltung anzuerkennen, daß das BGB. nur Vorbehalts-

---

[1]) BGB. §§ 1515 f. Der für ein Landgut festgesetzte Uebernahmepreis kann auch für den Fall der Uebernahme durch den Schichtgeber bestimmt werden (1515, 3).

[2]) Vgl. Schweiz. Vorentw. 266 f. ALR. II, 1 §§ 396—411.

[3]) Dies ist der Fall bei den preußischen (Rheinprovinz, Hessen-Nassau, Schleswig-Holstein), hessischen und bayrischen (mit den S. 15, Note, angeführten Ausnahmen) Güterständen der Errungenschaftsgemeinschaft, die aber nach dem Würzburger Landrecht und den Rechten von Schweinfurt und der Grafschaft Kastell nur bei kinderloser Ehe platzgreift.

gut der Frau zuläßt, und zwar in demselben Umfange und nach denselben Regeln wie bei der allgemeinen Gütergemeinschaft (S. 51), so daß es nur gewillkürtes, aber kein gesetzliches Vorbehaltsgut giebt[1]).

Sondergut ist alles bei Eintritt der Errungenschaftsgemeinschaft vorhandene Vermögen eines Ehegatten (1520), aller spätere Erwerb unter unentgeltlichem Titel, also Erbschaften, Pflichttheile, Vermächtnisse und Schenkungen[2]), Ausstattungen, Abfindungen für einen Erbverzicht, Erwerb durch Altentheilsverträge, überhaupt aller Erwerb mit Rücksicht auf ein künftiges Erbrecht (1521). Sondergut sind ferner alle höchst persönlichen, mit dem Tode erlöschenden Rechte (Gehälter, Leibrenten, Pensionen, Nießbrauch u. dgl.), unübertragbare Rechte (S. 51) und alle Rechte, deren Erwerb durch den Tod eines der Ehegatten bedingt ist[3]). Ferner gehört zum Sondergute alles, was durch Ehevertrag für Sondergut erklärt ist[4]) oder was als Surrogat für Sondergut

---

[1]) BGB. § 1526. Vgl. Achilles, Gebhard, Spahn, Protokolle IV, 351. Da das Vorbehaltsgut des Mannes positiv ausgeschlossen ist, so kann ein solches auch durch Ehevertrag nicht eingeführt werden, wenn auch die Frau dem Manne gewisse Einkünfte zu ausschließlichem Genuß überweisen kann.

[2]) Aber nur reine Schenkungen, während solche, die den Charakter eines Honorars tragen, als Errungenschaft gelten. Schenkungen unter den Ehegatten gehören nur dann hierher, wenn Sondergut verschenkt wird, dagegen fallen Schenkungen aus dem Gesammtgute unter die Bestimmung des § 1523 und bedürfen daher eines Ehevertrages. Anderer Meinung Unzner, zu § 1521, Note 1 c.

[3]) BGB. § 1522. Dadurch wird die namentlich im Gebiete des französischen Rechts viel behandelte Frage, ob der Anspruch aus der Lebensversicherung eines Ehegatten (als durch die Prämienzahlung erworben) zum Gesammtgute oder (als durch den Tod des Versicherten erworben) zu seinem Sondergute zu zählen sei, im Sinne des Sondergutes entschieden. Der Anspruch aus einer Ueberlebensversicherung ist Sondergut des überlebenden Ehegatten. Eine schon während der Errungenschaftsgemeinschaft fällig gewordene Altersversicherung gehört zum Gesammtgute, während die Leistung des Versicherers bei Rückkauf einer Lebensversicherungspolize nach § 1524, 1 als Surrogat anzusehen ist. Für die in der Ehe gezahlten Lebensversicherungsprämien ist nach Lage der Sache aus dem Sondergute des Ehegatten, dem die Versicherung zu gute kommt, Ersatz zu leisten. Vgl. Unzner, zu § 1522.

[4]) BGB. § 1523. Ebenso wird man auf Grund der Vertragsfreiheit des Ehegatten (1432) annehmen müssen, daß der Umfang des Gesammtgutes auch vertragsmäßig erweitert werden kann. Vgl. S. 79, Anm. 2. Dagegen ist auf Grund des § 741 in Abrede zu stellen, daß auch dritte Personen bei einer Zuwendung an die Ehegatten die Gesammtgutseigenschaft der Zuwendung festsetzen können. Anderer Meinung Unzner, zu § 1521, Note 1 a, c.

erworben wird[1]). Hausrathserneuerungen werden wie bei der Verwaltungsgemeinschaft als gesetzliches Surrogat angesehen (1382, 1525, 2), während andererseits alles, was in dem Betriebe eines Erwerbsgeschäftes erworben wird, Gesammtgut wird, auch wenn der Erwerb mit Mitteln des Sondergutes gemacht ist (1524, 1, Satz 2).

Aller sonstiger Erwerb der Ehegatten ist Gesammtgut (1519, 1), insbesondere der Ertrag der Sondergüter wie des Gesammtgutes (aber nicht die Erträge des Vorbehaltsgutes der Frau), aller Ertrag der Arbeit eines Ehegatten, Schenkungen und letztwillige Zuwendungen, wenn sie den Charakter eines Honorars tragen oder doch den Umständen nach, wie z. B. Haushaltungszuschüsse, zu den Einkünften zu rechnen sind (1521), ferner aller Erwerb aus dem Betriebe eines Erwerbsgeschäftes (1524, 1), sofern dasselbe nicht Vorbehaltsgut der Frau ist, Schätze, Erwerb durch Glücksfälle u. dgl. m.

Im Zweifel spricht die Vermuthung bei allen vorhandenen Vermögensgegenständen, beweglichen wie unbeweglichen, für das Gesammtgut[2]). Erst wenn festgestellt ist, daß eine Sache nicht zum Gesammtgute gehört, findet die Rechtsvermuthung des § 1362 (S. 21 f.) zu Gunsten des Sondergutes des Mannes, bei dem Frauengeräthe aber zu Gunsten des Sondergutes der Frau (nicht ihres Vorbehaltsgutes) Anwendung. Bei allen während der Ehe mit Sondergutsmitteln gemachten Anschaffungen wird bei Konkurs des Mannes die Anschaffung aus Mitteln des Mannes vermuthet, die aber bei dem Ersatze von Haushaltungsgegenständen dem Eigenthume der Frau nicht entgegensteht[3]). Jeder Ehegatte hat das Recht, die Mitwirkung des anderen zur Verzeichnung der beiderseitigen Sondergüter und die Feststellung ihres Zustandes durch Sachverständige zu verlangen[4]). Die obligatorische

---

[1]) BGB. §§ 1524, 1525, 2. 1381. Vgl. S. 20, 23 f. Der während der Ehe auf ein Loos gefallene Gewinn ist Sondergut, wenn das Loos Sondergut war. Die Abfindung eines Abkömmlings für sein Ausscheiden aus oder seine Ausschließung von der fortgesetzten Gütergemeinschaft ist Surrogat seiner Erbschaft.

[2]) BGB. § 1527. Vgl. ALR. II, 1 § 400. Code civ. 1402. Motive IV, 133, 516. Die Vermuthung gilt ebensowohl für die Ehegatten unter einander wie den Gläubigern gegenüber.

[3]) Konk.-O. 45, BGB. §§ 1382, 1525, 2. Ausgeschlossen sind, ebenso wie bei dem gesetzlichen Güterstande, alle Ersatzanschaffungen die unter Konk.-O. 31, 1 oder 32, 2 fallen.

[4]) BGB. § 1528. Die Kosten hat der Antragsteller zu tragen.

Bedeutung, die das französische Recht dem Vermögensverzeichniß beilegt, ist dem BGB. fremd.

Das Gesammtgut steht, wie bei der allgemeinen Gütergemeinschaft, im Miteigenthum zur gesammten Hand[1]), das bei jedem einzelnen Erwerbe sofort von Rechts wegen eintritt, ohne daß es eines Uebertragungsaktes bedarf[2]). Handelt es sich um den Erwerb eines der Buchung unterliegenden Rechtes, so kann jeder Ehegatte die Mitwirkung des anderen zur Berichtigung des Grundbuches verlangen[3]).

Das Sondergut der Ehegatten unterliegt den Grundsätzen der Verwaltungsgemeinschaft, nur daß die Verwaltung desselben sowie die Bestreitung des ehelichen Aufwandes und der Lasten der beiderseitigen Sondergüter für Rechnung des Gesammtgutes erfolgt und die Erträge nicht der Nutznießung des Mannes unterliegen, sondern dem Gesammtgute zufallen[4]). Auch die Stellung der Frau hinsichtlich ihres Sondergutes ist dieselbe wie bei dem gesetzlichen Güterstande (S. 30 ff.). Unter den gleichen Voraussetzungen wie bei diesem hat sie eine Klage auf Sicherstellung ihres Sondergutes (S. 38).

Die Verwaltung des Gesammtgutes folgt durchweg den Regeln der allgemeinen Gütergemeinschaft[5]). Gesammtgutsverbindlichkeiten[6]) sind alle Schulden des Mannes, von denen der Frau nur die während der Errungenschaftsgemeinschaft entweder innerhalb ihrer gesetzlichen Zuständigkeit oder mit Zustimmung des Mannes oder obervormundschaftlicher Ermächtigung oder durch ein mit Genehmigung des

---

[1]) BGB. §§ 1519, 2. 1442, 1604. Civ.-Pr.-O. 860. Vgl. S. 50. Mit Recht haben die Konstruktionen des Miteigenthums nach Bruchtheilen, des Alleineigenthums des Mannes mit späterer Theilung und der Gütertrennung mit Gemeinschaft des Zugewinnstes keine Aufnahme gefunden.

[2]) BGB. §§ 1519, 2. 1438, 2. Dagegen bedarf es eines besonderen Uebertragungsaktes, wenn auf Grund des Ehevertrages oder besonderer Vereinbarung auch Gegenstände, die nicht unter den Begriff der Errungenschaft fallen, für Gesammtgut erklärt werden. Vgl. Unzner, zu § 1520, Note 2.

[3]) BGB. §§ 1519, 2. 1438, 3. Gr.-B.-O. 48.

[4]) BGB. §§ 1525, 1529. Vgl. S. 24 ff.

[5]) BGB. §§ 1519, 2. 1443—1453. Vgl. S. 52 ff. Wie bei der allgemeinen Gütergemeinschaft so ist der Mann auch hier bei Mieth- oder Pachtverträgen über Gesammtgut nicht an die für das eingebrachte Gut der Frau geltende zeitliche Beschränkung (§ 1423) gebunden. Vgl. Unzner, zu § 1445, Note 1.

[6]) BGB. §§ 1530—1534.

Mannes betriebenes Erwerbsgeschäft entstandenen[1]); ferner die während der Errungenschaftsgemeinschaft erwachsenen Lasten ihres Sondergutes, insbesondere auch alle Schuldzinsen und die ihr obliegenden gesetzlichen Unterhaltspflichten. Ihre eingebrachten Schulden selbst sowie alle Verbindlichkeiten aus unerlaubten Handlungen sind Sondergutsschulden und folgen den Grundsätzen der Verwaltungsgemeinschaft (S. 34 f.). Der Mann haftet für die Gesammtgutsverbindlichkeiten, auch wo sie in der Person der Frau entstanden sind, zugleich persönlich als Gesammtschuldner (1530, 2). Bei Konkurs des Mannes[2]) beschränkt sich das Aussonderungsrecht der Frau auf ihr Sondergut und ihr Vorbehaltsgut, während das Gesammtgut zur Konkursmasse gehört. Die Auseinandersetzung hinsichtlich des Gesammtgutes unterbleibt, obwohl die Errungenschaftsgemeinschaft durch die Konkurseröffnung aufgehoben wird (1543, Konk.-O. 2). Daher ist die Frau wegen ihrer Ersatzansprüche Konkursgläubigerin, während sie ihr obliegende Ersatzleistungen an die Konkursmasse zu gewähren hat. Sämmtliche Gesammtgutsgläubiger sind Konkursgläubiger des Mannes, auch diejenigen, denen derselbe nach Auflösung der Errungenschaftsgemeinschaft nicht mehr persönlich haftet. Der Konkurs der Frau gestaltet sich wie bei dem gesetzlichen Güterstande; das Gesammtgut wird von dem Konkurse nicht berührt, ihr Antheil an dem Gesammtgute kommt daher bei der Feststellung der Zahlungsunfähigkeit nicht in Betracht; soweit die Gläubiger der Frau zugleich Gesammtgutsgläubiger sind, können sie wegen ihres Ausfalles auch den Mann persönlich in Anspruch nehmen[3]).

Die Errungenschaftsgemeinschaft wird schon während der Ehe, abgesehen von dem Falle vertragsmäßiger Aufhebung, aufgelöst: durch die Eröffnung des Konkurses über den Mann[4]), durch eine hinsichtlich

---

[1]) Für rechtsgeschäftliche Verbindlichkeiten, welche die Frau während der Errungenschaftsgemeinschaft mit Ueberschreitung ihrer Befugnisse eingegangen ist, haftet ihr Sondergut nicht, solange die Errungenschaftsgemeinschaft besteht, ebenso wenig für Verbindlichkeiten, die in dieser Zeit im Zusammenhange mit ihrem Vorbehaltsgute entstanden sind, es sei denn, daß es sich um ein mit Genehmigung des Mannes betriebenes Erwerbsgeschäft der Frau handelt (1525, 2. 1412–1414).

[2]) Konk.-O. 2, 1. Vgl. S. 39, Note 1. Unzner, zu § 1530, Note 6; zu § 1543, Note 4.

[3]) Konk.-O. 2, 2. BGB. § 1530, 2.

[4]) BGB. § 1543.

eines der beiden Ehegatten ausgesprochene Todeserklärung[1]), ferner durch Gerichtsurtheil auf Klage eines der Ehegatten wegen erheblicher Gefährdung seines späteren Erwerbes durch Ueberschuldung des anderen[2]), oder auf Klage der Frau wegen Entmündigung des Mannes oder Einsetzung einer Pflegschaft über sein Vermögen[3]), wegen arglistiger Verminderung des Gesammtgutes, wegen erheblicher Gefährdung des Unterhaltes der Familie durch Pflichtverletzung des Mannes, wegen erheblicher Gefährdung des Gesammtgutes durch Verschwendung oder unerlaubte einseitige Verfügungen des Mannes, endlich wegen erheblicher Gefährdung ihres Sondergutes oder ihrer Ersatzansprüche durch das Verhalten des Mannes (1542).

Die Auseinandersetzung erfolgt hinsichtlich der Sondergüter nach den Grundsätzen der Verwaltungs-, hinsichtlich des Gesammtgutes nach denen der allgemeinen Gütergemeinschaft (1546). Infolge der Rechtsvermuthung zu Gunsten der Gesammtgutseigenschaft gelten Aufwendungen zu Gunsten eines Sondergutes im Zweifel als aus Mitteln des Gesammtgutes bestritten, wogegen umgekehrt, wenn verbrauchbare Sondergüter abhanden gekommen sind, ihre Verwendung zum Besten des Gesammtgutes und entsprechende Bereicherung des letzteren vermuthet wird (1540). Alle Abrechnungen und Ersatzansprüche zwischen dem Manne und dem Gesammtgute (vgl. S. 60 f.) bleiben aufgeschoben, so lange die Errungenschaftsgemeinschaft besteht; dagegen kann der Mann das, was er für sich oder das Gesammtgut von der Frau zu fordern hat, sofort geltend machen, wenn sie ausreichendes Sonder- oder Vorbehaltsgut besitzt; für die Ersatzansprüche der Frau gilt die Befristung überhaupt nicht (1541). Bei der Abrechnung (1539, 1541) fallen jedem Ehegatten alle von seinem Vorbehalts- oder Sondergute herrührenden Gesammtgutsverbindlichkeiten zur Last, soweit sie nicht zu den von der Verwaltung zu tragenden Lasten gehören oder in dem Betriebe eines für das Gesammtgut arbeitenden Erwerbsgeschäftes ent-

---

[1]) BGB. § 1544. Bei dem gesetzlichen Güterstande ist eine über die Frau ausgesprochene Todeserklärung kein Auflösungsgrund (1420). Die Abweichung bei der Errungenschaftsgemeinschaft hat erst der zweite Entwurf eingeführt. Ueber die Gründe vgl. Achilles, Gebhard, Spahn, Protokolle IV, 372.

[2]) Nach den S. 58 f. entwickelten Grundsätzen.

[3]) Macht die Frau davon keinen Gebrauch, so hat der Vormund oder Pfleger des Mannes (also unter Umständen die Frau selbst) ihn in der Vermögensverwaltung zu vertreten Vgl. S. 40, Note 2, S. 58, Note 4, BGB. 1519, 2. 1457, 1525, 2. 1409.

standen sind (1535, 1537). Auf Rechnung des Mannes kommen außerdem seine vor der Errungenschaftsgemeinschaft entstandenen Schulden und seine Verbindlichkeiten aus unerlaubten Handlungen (1536). Die Kosten eines über die Verbindlichkeit eines Ehegatten geführten Rechtsstreites folgen der Hauptschuld. Soweit das Sondergut eines Ehegatten auf Kosten des Gesammtgutes oder das Gesammtgut auf Kosten eines Sondergutes gegenwärtig bereichert ist, hat das bereicherte Gut unbedingt Ersatz zu leisten, ohne daß damit eine etwaige über die Bereicherung hinausgehende Ersatzpflicht ausgeschlossen ist (1539). Für die an Abkömmlinge gewährten oder versprochenen Ausstattungen kommen die bei der allgemeinen Gütergemeinschaft geltenden Regeln (S. 61) in Anwendung (1538). Jeder Ehegatte haftet dem andern bei einer von ihm verschuldeten Schädigung des Gesammtgutes oder Sondergutes für die Sorgfalt, die er in eigenen Angelgenheiten anzuwenden pflegt (1359). Für die Verwaltung des Gesammtgutes, abgesehen von unerlaubten einseitigen Verfügungen und von böswilliger Verminderung, haftet weder der Mann, noch sein etwaiger Vormund oder Pfleger (S. 60 f.). Die persönliche Haftung des Mannes für die Gesammtgutsverbindlichkeiten beschränkt sich nach Auflösung der Errungenschaftsgemeinschaft auf diejenigen, die nach den Abrechnungsgrundsätzen entweder zu seinen Lasten oder zu denen des Gesammtgutes fallen (1530, 2).

Bis zur Beendigung der Auseinandersetzung wird das Gesammtgut von den Ehegatten in derselben Weise wie bei der Auflösung der allgemeinen Gütergemeinschaft (S. 59 f.) verwaltet. Hat die Theilung des Gesammtgutes vor der Befriedigung sämmtlicher Gemeinschaftsgläubiger stattgefunden, so kommen die S. 62 entwickelten Regeln zur Anwendung.

Die Auseinandersetzung bei Auflösung der Ehe folgt den gleichen Grundsätzen wie bei Beendigung der Errungenschaftsgemeinschaft während der Ehe[1]). Die Gesammtgutshälfte des verstorbenen Ehegatten gehört zu seinem Nachlasse. Die fortgesetzte Gütergemeinschaft ist ausgeschlossen und kann auch durch Ehevertrag nicht angeordnet

[1]) In den übergeleiteten Güterständen der Errungenschaftsgemeinschaft kommen vielfach abweichende Vorschriften zur Anwendung.

werden [1]). Für die Ehescheidung gelten keine besonderen Regeln. Bei Nichtigkeitserklärung einer Ehe hat der allein gutgläubige Ehegatte, bei Anfechtung wegen Betruges oder Bedrohung der betrogene oder bedrohte Ehegatte, bei Anfechtung wegen Irrthums der Gegner des Anfechtungsberechtigten die Wahl zwischen der Auseinandersetzung auf Grund der Ehenichtigkeit und derjenigen nach den Regeln der Errungenschaftsgemeinschaft (S. 63).

Die Auflösung der Errungenschaftsgemeinschaft bei bestehender Ehe zieht im Zweifel Gütertrennung nach sich, die aber erst durch die Eintragung in das Güterrechtsregister volle Wirkung gegen Dritte erlangt (1545).

Eine Klage auf Wiederherstellung der Errungenschaftsgemeinschaft hat der Mann nach Aufhebung der Entmündigung, Pflegschaft oder Todeserklärung, wegen deren die Auflösung erfolgt war, andererseits die Frau nach Beendigung des über das Vermögen ihres Mannes eröffneten Konkurses oder nach Aufhebung einer über sie ausgesprochenen Todeserklärung (1547 f.). Die Wiederherstellung bedarf zur vollen Wirkung gegen Dritte der Eintragung in das Güterrechtsregister.

§ 6. Die Fahrnißgemeinschaft.

BGB. §§ 1549—1557. Unzner, a. a. O. IV, 302—308.

Die Fahrnißgemeinschaft oder, nach der Bezeichnung des ersten Entwurfes, die „Gemeinschaft des beweglichen Vermögens und der Errungenschaft", ist der gesetzliche Güterstand des Code civil (1400 bis 1496) und des Badischen Landrechts, des in Schleswig und auf der Insel Helgoland geltenden Jütischen Low von 1240, ferner der in Theilen des Oberlandesgerichtsbezirks Frankfurt geltenden Kurkölnischen Rechtsordnung von 1663, des Kurtrierer Landrechts von 1668/1714

[1]) Dies ergiebt sich, entgegen der Annahme der vorigen Auflage, aus der besonderen Bestimmung des § 1557 für die Fahrnißgemeinschaft, während es an einer gleichen Bestimmung für die Errungenschaftsgemeinschaft fehlt. Vgl. Unzner IV S. 284. Die Vertragsfreiheit der Ehegatten auf Grund des § 1432 steht dem nicht entgegen, da diese sich auf die güterrechtlichen Verhältnisse der Ehegatten beschränkt, die fortgesetzte Gütergemeinschaft aber darüber hinausgreift.

und des Lamprechtschen Statuts von 1743. Nach den Ausführungsgesetzen tritt hier überall, von gewissen Modifikationen abgesehen, die Fahrnißgemeinschaft des BGB. an die Stelle des bisherigen Güterstandes. Nur in Baden bleibt der bisherige gesetzliche Güterstand bei den vor 1900 geschlossenen Ehen aufrechterhalten, von dem Jahre 1905 an aber mit Wirkung gegen Dritte nur unter den Voraussetzungen des § 1435. Nach dem BGB. kommt die Fahrnißgemeinschaft ausschließlich als vertragsmäßiger Güterstand in Betracht.

Da das Gesammtgut auch die Immobiliarerrungenschaft umfaßt, so ist die Bezeichnung Fahrniß- oder Mobiliargemeinschaft nicht ganz zutreffend, sie empfiehlt sich aber, abgesehen von ihrer größeren Kürze, auch durch den älteren Sprachgebrauch, der das Kaufeigen, im Gegensatze zum Erbeigen, vielfach der fahrenden Habe (Kaufschatz) gleichstellte. Wie die Errungenschaftsgemeinschaft im Wesentlichen nur als eine Abwandlung der Verwaltungsgemeinschaft erscheint und ihre gesetzliche Regelung sich daher hauptsächlich an die für diesen Güterstand geltenden Grundsätze zu halten hatte, folgt die Fahrnißgemeinschaft überwiegend den Regeln der ihr am nächsten verwandten allgemeinen Gütergemeinschaft (1549). Auch die Voraussetzungen des Ehevertrages sind dieselben wie bei dieser (S. 48).

Die Begründung von Vorbehaltsgut durch Ehevertrag, bei Schenkungen und letztwilligen Zuwendungen auch durch Bestimmung des Schenkers oder Erblassers, ist wie bei der Verwaltungs- und Errungenschaftsgemeinschaft nur für die Ehefrau, für die allein ein Bedürfniß vorliegen kann, gestattet[1]). Das Vorbehaltsgut unterliegt den gleichen Grundsätzen wie unter den übrigen Güterständen (S. 16, 51, 76 f.); zu den Lasten der Ehe hat es nur beizutragen, soweit die dem Gesammtgute zufließenden Einnahmen nicht reichen (1441). Ein gesetzliches Vorbehaltsgut ist bei der Fahrnißgemeinschaft ebenso wenig anerkannt wie bei der allgemeinen Güter- und der Errungenschaftsgemeinschaft.

Sondergut jedes Ehegatten[2]) ist sein bei Beginn der Fahrnißgemeinschaft vorhandenes oder später durch Schenkung, Ausstattung,

---

[1]) BGB. § 1555. Vgl. S. 77, Note 1. Für den Mann reicht Erweiterung seines Sondergutes durch Vertrag vollkommen aus.

[2]) Das BGB. verwendet dafür, abweichend von dem ersten Entwurfe, die wenig zutreffende Bezeichnung „eingebrachtes Gut". Im Code civil entspricht der Begriff der biens personnels, im Bad. Landrecht „eigenes Gut".

Erbfolge oder Vermächtniß erworbenes unbewegliches Vermögen[1]). Die bei der Errungenschaftsgemeinschaft gemachte Ausnahme der remuneratorischen Zuwendungen (S. 78) findet hier keine Anwendung. Dem Erbschaftserwerbe steht gleich, was ein Ehegatte mit Rücksicht auf ein zukünftiges Erbrecht erwirbt (1551, 1), also vorweggenommene Erbschaften, wie bei Altentheilsverträgen, auch wenn dabei gewisse Gegenleistungen übernommen werden, sowie Abfindungen für einen Erbverzicht[2]). Unbewegliche Sachen, die den Ehegatten gemeinsam durch Erbschaft, Vermächtniß oder Schenkung zugefallen sind, werden nach Bruchtheilen den Sondergütern zugerechnet. Schenkungen unter den Ehegatten sind, soweit es sich nicht um Sondergutsschenkungen handelt, als ein den Güterstand abändernder Ehevertrag zu behandeln.

Der Begriff der unbeweglichen Sachen (1551, 2) ist im Wesentlichen in Uebereinstimmung mit Code civil 517—532 geregelt: Grundstücke nebst Zubehör[3]), Rechte an fremden Grundstücken (mit Ausnahme der Hypotheken, Grundschulden und Rentenschulden), ferner alle auf Einräumung, Uebertragung oder Aufhebung derartiger Rechte gerichteten Forderungen und Löschungsansprüche, sowie die Forderungen auf die Eigenthumsübertragung an einem Grundstück[4]).

Sondergut sind ferner alle unübertragbaren Rechte eines Ehegatten[5]), aber nicht, wie bei der Errungenschaftsgemeinschaft (S. 77 f.), auch deren Surrogate (1554). Lebensversicherungen gehören, abweichend von der Errungenschaftsgemeinschaft, zum Gesammtgute[6]).

---

[1]) BGB. § 1551, 1. Werden in derselben Weise gleichzeitig auch bewegliche Sachen erworben, so fallen die mit dem Erwerbe übernommenen Verpflichtungen dem Gesammtgute und dem Sondergute nach Verhältniß der beiderseitigen Bereicherung zu (1556). Nach Code civil 1404, 2 fallen alle nach Abschluß des Ehevertrages erworbenen Grundstücke, auch wenn der Erwerb noch vor der Eheschließung stattgefunden hat, in die Gemeinschaft.

[2]) Nach Code civil 1406 nur Gutsabtretung an Abkömmlinge zur Berichtigung von Schulden.

[3]) Unter den Begriff der Grundstücke fallen auch die selbständigen Gerechtigkeiten. Vgl. S. 52, Anm. 4. Bad. Landr. § 526 a. Subjektiv-dingliche Rechte gelten nach § 96 als Bestandtheile des Grundstücks, zu dem sie gehören.

[4]) Hierher gehört nicht blos die Forderung des Käufers auf die Auflassung, sondern auch das obligatorische Vorkaufsrecht an einem Grundstück. Vgl. Unzner zu § 1551, Note 2 c.

[5]) BGB. § 1552. Vgl. S. 51.

[6]) Dies ergiebt sich aus dem Vergleiche des § 1552 mit § 1522 (vgl. S. 77).

Der Umfang der Sondergüter kann durch Ehevertrag, bei Schenkungen und letztwilligen Zuwendungen auch durch Bestimmung des Schenkers oder Erblassers, noch weiter ausgedehnt oder eingeschränkt werden[1]).

Sondergut sind endlich alle Surrogate von Sondergut (1554, 1. 1524), also Entschädigungen bei Enteignungen, Verkoppelungen oder Ablösungen, Versicherungsgelder, der Ersatz für Zerstörung, Beschädigung oder Entziehung von Sondergut, Leistungen auf Sondergutsansprüche und alles mit Sondergutsmitteln Erworbene[2]). Ausgenommen von dem Surrogationsprinzip und demnach dem Gesammtgute zugewiesen ist der Erwerb aus dem Betriebe eines Erwerbsgeschäftes[3]), sowie alles was ein Ehegatte als Entschädigung oder Abfindung für ein nur wegen seiner Unübertragbarkeit zum Sondergute gehöriges Recht erwirbt[4]).

Alles, was nicht als Sondergut ausgeschlossen ist, gehört zum Gesammtgute (1550, 1). Die Rechtsvermuthungen des § 1362 sind bei der Fahrnißgemeinschaft gegenstandslos, da sie sich nur auf bewegliche Sachen beziehen, diese aber im Zweifel Gesammtgut sind (1438, 1549). Wer ihre Surrogationseigenschaft oder ihre Zugehörigkeit zum Sondergute eines Ehegatten auf Grund letztwilliger Verfügung oder einer Bestimmung des Schenkers behauptet, muß diese beweisen. Bei

---

1) Das BGB. § 1553 gedenkt nur der Erweiterung des Sondergutsbegriffes, es unterliegt aber keinem Zweifel, daß auch das Umgekehrte zulässig ist. Man denke an die Entliegenschaftung (ameublissement) des französischen Rechts (Code civil 1505 ff). Vgl. Schröder, Eigenthümliche Formen des Miteigenthums im deutschen und französischen Recht, 1896, S. 5 ff.

2) Aus dem Surrogationsprinzip (vgl. S. 20) erledigt sich auch die im Code civil 883 berührte Frage der Erbtheilung bei einer theils aus Fahrniß, theils aus unbeweglichen Sachen bestehenden Erbschaft. Erwirbt ein Ehegatte als Miterbe einen Antheil an einer unbeweglichen Sache, so ist auch die ihm für sein Loos zu Theil gewordene Mobiliarabfindung als Sondergut anzusehen.

3) So z. B. der Erwerb eines Bauspekulanten, auch wenn die verkauften Bauplätze Sondergut waren. Vgl. S. 78.

4) BGB. § 1554, 2. Abfindungen für Rechte an Stammgütern, Familienfideikommissen und Lehen oder für einen Nießbrauch oder eine beschränkte persönliche Dienstbarkeit an unbeweglichen Sachen unterliegen dem Surrogationsprinzip, da diese Rechte auch ohne die Unübertragbarkeit Sondergutseigenschaft haben würden. Dagegen ist die Abfindung eines Abkömmlings bei fortgesetzter Gütergemeinschaft (S. 68, Anm. 1, S. 74) nicht als Surrogat anzusehen, sondern gehört zum Gesammtgut, auch wenn das Gesammtgut der fortgesetzten Gütergemeinschaft unbewegliche Sachen umfaßt.

beweglichen Sachen, die durch Ehevertrag dem Sondergute zugewiesen sind, ist ebenso wie bei dem Vorbehaltsgute der Frau der § 1435 maßgebend. Auch die für die Errungenschaftsgemeinschaft aufgestellten Rechtsvermuthungen der §§ 1527 und 1540 sind für die Fahrnißgemeinschaft entbehrlich, da das Sondergut sich, von den zu beweisenden Ausnahmen abgesehen, auf gebuchte Rechte beschränkt, demnach die Rechtsvermuthungen zu Gunsten des Grundbuchinhaltes (892) platzgreifen [1]). Eine dem Code civil 1402 entsprechende Bestimmung ist demnach entbehrlich.

Die Verwaltung des Sondergutes unterliegt den für die Errungenschaftsgemeinschaft geltenden Vorschriften (1550, 2). Dem Inventarzwange des Code civil 1510 steht hier nur das Recht jedes Ehegatten auf die Mitwirkung des andern zur Herstellung eines Verzeichnisses und auf Feststellung des Zustandes des Sondergutes durch Sachverständige auf seine Kosten gegenüber (1528). Die Verfügungsrechte der Ehegatten sind die S. 25 f., 30 ff., 79 dargelegten [2]).

Im übrigen folgt die Fahrnißgemeinschaft durchaus den Regeln der allgemeinen Gütergemeinschaft (1549). Die Gemeinschaft tritt bei den einzelnen Gegenständen von Rechts wegen ein, ohne daß es einer Uebertragung bedarf; in Grundbuchsachen kann jeder Ehegatte die Mitwirkung des andern zur Berichtigung des Grundbuches verlangen (1438). Für die Verwaltung des Gesammtgutes und die Verfügungen der Ehegatten über dasselbe sind die S. 52 ff. entwickelten Grundsätze maßgebend. Gesammtgutsverbindlichkeiten sind, in wesentlicher Uebereinstimmung mit Code civil 1409 ff., alle Schulden des

---

[1]) Aus den angeführten Gründen kann auch die Rechtsvermuthung der Konk.-O. 45 nur bei Anschaffungen für das Vorbehaltsgut der Frau in Frage kommen.

[2]) Die im Code civil enthaltenen Beschränkungen der Geschäftsfähigkeit der Frau (a. a. O. 217 ff., 1427) sind dem BGB. fremd, bleiben aber in den Ehen, in denen der gesetzliche Güterstand des französisch-badischen Rechts fortbesteht, aufrechterhalten (EG. 200, 3), während sie in den übergeleiteten Güterständen wegfallen. Nur zu Erbverzichten und zur Ausschlagung von Erbschaften oder Vermächtnissen verlangt Elsaß-Lothringen auch fernerhin die Zustimmung des Mannes. Mieth- und Pachtverträge des Mannes über Sondergut der Frau sind nach Code civil 1429 für die Frau auch nach Auflösung der Fahrnißgemeinschaft verbindlich, wenn der Vertrag nur auf je neun Jahre abgeschlossen oder verlängert wird. Ueber das BGB., mit dem Bad. Landr. 1430a übereinstimmt, vgl. S. 26.

Mannes, alle Vorschulden, Deliktschulden und Prozeßkosten der Frau, sowie die Schulden aus einem von ihr mit Zustimmung des Mannes betriebenen Erwerbsgeschäft und alle während der Fahrnißgemeinschaft von ihr im Bereiche ihrer Zuständigkeit oder mit Zustimmung des Mannes oder obervormundschaftlicher Ermächtigung eingegangenen Vertragsschulden [1]). Andere Vertragsschulden der Frau aus der Zeit der Fahrnißgemeinschaft belasten nur ihr Vorbehaltsgut, erst nach Auflösung der Gemeinschaft auch ihr Sondergut und ihren Gesammtgutsantheil. Dasselbe gilt von den während der Gemeinschaft in Ansehung ihres Vorbehaltsgutes entstandenen Verbindlichkeiten. Sondergutsschulden der Frau sind alle Verbindlichkeiten, die nach dem Eintritt der Fahrnißgemeinschaft in Ansehung ihres Sondergutes oder durch den Erwerb von Sondergut auf Grund einer Erbschaft oder eines Vermächtnisses entstehen [2]). Für die Gesammtgutsverbindlichkeiten haftet, solange die Fahrnißgemeinschaft besteht, der Mann zugleich persönlich (1459, 2. Code civil 1419), die Frau nur für die von ihrer Seite stammenden. Für den Konkurs des Mannes gelten dieselben Regeln wie bei der allgemeinen Gütergemeinschaft (S. 57 f.). Durch Konkurs der Frau wird das Gesammtgut nicht berührt (S. 58); die Stellung ihres Vorbehalts- sowie ihres Sondergutes ist die S. 39, Anm. 1 dargelegte, nur haftet den Gläubigern der Frau, die bei dem gesetzlichen Güterstande einen Zugriff auf ihr Eingebrachtes haben, bei der Fahrnißgemeinschaft zugleich das Gesammtgut und, als Gesammtschuldner neben der Frau, auch der Mann.

Die Aufhebung der Fahrnißgemeinschaft bei bestehender Ehe erfolgt unter den für die allgemeine Gütergemeinschaft geltenden Voraussetzungen entweder durch Ehevertrag (1432), und zwar entgegen

---

[1]) BGB. §§ 1459 ff. Nach französischem Recht haftet für Deliktschulden, sowie für Verbindlichkeiten aus einer wider den Willen des Mannes angenommenen Erbschaft nur das Sondergut der Frau. Vgl. Code civil 1424, 1417. Ebenso, wenn die Frau eine nur aus unbeweglichen Sachen bestehende Erbschaft mit Genehmigung des Mannes angenommen hat (a. a. O. 1413).

[2]) BGB. §§ 1550, 2. 1525, 2. 1413 f. Vgl. S. 90. Unzner IV. S. 303. Soweit die Lasten des Sondergutes dem Gesammtgute obliegen, sind die daraus entstehenden Verbindlichkeiten Gesammtgutsschulden. Dasselbe gilt von den im Betriebe eines Erwerbsgeschäftes entstandenen Verbindlichkeiten, z. B. wenn ein der Frau gehöriges Gebäude für die Zwecke des Geschäfts einen Umbau erfahren hat.

den Bestimmungen des Code civil 1394 f. auch in den Ehen, in denen der gesetzliche Güterstand des französischen Rechts bestehen bleibt (EG. 200, 2), oder durch Gerichtsurtheil. Abweichend vom französischen Recht hat auch der Mann eine Auflösungsklage (S. 59). Die Klage der Frau (S. 58) gründet sich nach § 1468 entweder auf eine ihren späteren Erwerb gefährdende Ueberschuldung des Gesammtgutes durch Verbindlichkeiten, die in der Person des Mannes entstanden sind, oder auf Entmündigung des Mannes wegen Verschwendung, oder auf erhebliche, auch für die Zukunft zu befürchtende Verletzung der ihm gegen die Familie obliegenden Unterhaltungspflicht, oder auf böswillige Minderung des Gesammtgutes oder erhebliche Gefährdung desselben durch Verschwendung oder unerlaubte, auch für die Zukunft zu besorgende einseitige Verfügungen des Mannes. Auf die Gefährdung ihres Sondergutes durch den Mann kann sich die Frau, im Gegensatze zu den Güterständen der Verwaltungsgemeinschaft und Errungenschaftsgemeinschaft (1418, 1. 1542, 1), nicht berufen, weil es sich hier im allgemeinen nur um Gegenstände handelt, die entweder durch das Grundbuch, oder durch das Güterrechtsregister oder durch ihre Unübertragbarkeit jeder willkürlichen Verfügung des Mannes entrückt sind. Nach Code civil 1443 kann die Frau wegen Gefährdung ihres Sondergutes, namentlich durch Vermögensverfall des Mannes, auf Gütertrennung klagen.

Die Auseinandersetzung erfolgt, nach dem Vorbilde der Errungenschaftsgemeinschaft (1546, 2, 3), hinsichtlich des Gesammtgutes wie bei der allgemeinen Gütergemeinschaft (S. 60 f.) und hinsichtlich der Sondergüter wie bei der Verwaltungsgemeinschaft (S. 41 f.). Gegenseitige Abrechnungen und Ersatzansprüche der Ehegatten sind während des Bestehens der Fahrnißgemeinschaft im allgemeinen aufgeschoben und kommen erst bei der Auseinandersetzung zur Geltung[1]). Hinsichtlich des Gesammtgutes hat der Mann für unerlaubte einseitige Verfügungen und für böswillige Verminderung einzustehen, ist aber im übrigen für die Verwaltung desselben unverantwortlich (S. 60 f.). Seine Verantwortlichkeit hinsichtlich des fraulichen Sondergutes ist dieselbe wie bei dem gesetzlichen Güter-

---

[1]) Wegen der Ausnahmen vgl. S. 60, Anm. 3. Was die Frau zu dem Gesammtgute oder zu dem Sondergute des Mannes schuldet, hat sie, soweit ihr Sondergut und ihr Vorbehaltsgut ausreichen, schon während der Fahrnißgemeinschaft zu berichtigen (§§ 1541, 1. 1550, 2).

stande (S. 41 f.). Die Frau hat dem Manne im Falle einer von ihr verschuldeten Schädigung des Gesammtgutes oder seines Sondergutes nach Maßgabe der in ihren eigenen Angelegenheiten beobachteten Sorgfalt einzustehen (1359). Die Abrechnung in Betreff der Gesammtgutsverbindlichkeiten folgt den Grundsätzen der allgemeinen Gütergemeinschaft (S. 60 f.), nur daß alle in Ansehung des Sondergutes eines Ehegatten entstandenen Gesammtgutsschulden, soweit sie nicht zu den vom Gesammtgut zu tragenden Lasten gehören oder aus dem Betriebe eines Erwerbsgeschäfts herrühren, dem betreffenden Ehegatten zur Last fallen[1]).

Die Verwaltung bis zur Beendigung der Auseinandersetzung wird, wie bei der Errungenschafts- und allgemeinen Gütergemeinschaft, von den Ehegatten gemeinschaftlich geführt (S. 59, 82). Hinsichtlich des Gesammtgutes wird das Gesammthandverhältniß bis dahin als fortdauernd angesehen. Die Auseinandersetzung selbst folgt, wie bemerkt, den für die allgemeine Gütergemeinschaft, in Ansehung der Sondergüter den für die Errungenschaftsgemeinschaft geltenden Bestimmungen. Ist das Gesammtgut zur Berichtigung der Gesammtgutsschulden unzureichend, so hört die persönliche Haftung des Mannes für diejenigen Verbindlichkeiten, die bei der Abrechnung zu Lasten der Frau fallen, auf (1459, 2), während sie hinsichtlich der übrigen Gesammtgutsverbindlichkeiten fortdauert. Die Frau haftet über den Bestand des Gesammtgutes hinaus nur für die in ihrer Person entstandenen Gesammtgutsverbindlichkeiten. Haben die Ehegatten das Gesammtgut getheilt, ohne alle Gesammtgutsschulden zu berichtigen, so haftet jeder von ihnen als Gesammtschuldner, wenn auch, soweit er nicht zugleich persönlicher Schuldner ist, mit Beschränkung auf den Gesammtgutsantheil nach Maßgabe der §§ 1990 f.

Hinsichtlich der ihm obliegenden Gesammtgutsverbindlichkeiten hat jeder Ehegatte dem anderen dafür einzustehen, daß dieser nicht von den Gläubigern in Anspruch genommen wird.

---

[1]) Vgl. Unzner IV. S. 303 f. Sind derartige Verbindlichkeiten durch eine Erbschaft, Schenkung, Ausstattung oder durch ein Vermächtniß oder eine Vereinbarung mit Rücksicht auf ein künftiges Erbrecht entstanden, so fallen sie, wenn es sich nur um Immobiliarerwerb gehandelt hat, ausschließlich dem Sondergute, bei reinem Mobiliarwerth ausschließlich dem Gesammtgute, bei gemischtem Erwerb nach Verhältniß der Werthe theils dem Sonder-, theils dem Gesammtgute zur Last (§ 1556). Vgl. Code civil 1414 ff.

Die Aufhebung der Fahrnißgemeinschaft während der Ehe hat Gütertrennung zur Folge, die zur vollen Wirksamkeit gegen Dritte aber der Eintragung in das Güterrechtsregister bedarf (S. 62). Durch Ehevertrag kann die Fahrnißgemeinschaft wiederhergestellt werden[1]).

Die Auseinandersetzung im Falle der Ehescheidung oder der Aufhebung der ehelichen Gemeinschaft erfolgt in derselben Weise, wie bei der Aufhebung durch Gerichtsurtheil. Der für unschuldig erklärte Theil hat das gleiche Wahlrecht wie bei der allgemeinen Gütergemeinschaft[2]). Im Falle einer Nichtigkeitserklärung der Ehe findet das S. 63 dargelegte Wahlrecht Anwendung.

Die über einen Ehegatten ausgesprochene Todeserklärung hat für die Fahrnißgemeinschaft keine Bedeutung. Der zurückkehrende Verschollene tritt nach den allgemeinen Grundsätzen wieder in die Gemeinschaft ein. Schreitet der zurückgebliebene Ehegatte zu einer zweiten Ehe, so löst die Eingehung derselben die erste Ehe auf und die Fahrnißgemeinschaft der ersten Ehe wird aufgehoben. Wenn wegen Rückkehr des Verschollenen die zweite Ehe angefochten und für nichtig erklärt wird, so tritt die erste Ehe wieder ins Leben, und zwar, da die frühere Fahrnißgemeinschaft aufgehoben ist, mit dem Güterstande der Gütertrennung[3]).

Wird die Ehe durch den Tod eines Ehegatten aufgelöst, so findet die Auseinandersetzung in derselben Weise wie bei der Aufhebung der Fahrnißgemeinschaft unter Lebenden statt (S. 64, 89 f.). Der Nachlaß des Verstorbenen besteht aus seinem Vorbehalts- und Sondergute und dem Gesammtgutsantheil. Die Erben führen mit dem überlebenden Ehegatten bis zur Beendigung der Auseinandersetzung die Verwaltung nach den Grundsätzen der gesammten Hand (S. 64). Zwischen beerbter und unbeerbter Ehe wird nicht unterschieden. Fortgesetzte Gütergemeinschaft im Falle einer beerbten Ehe tritt nur auf Grund ausdrücklicher

---

1) Die Wiederherstellung der Fahrnißgemeinschaft durch einen neuen Ehevertrag ist auch nach französischem Rechte gestattet. Vgl. Code civil 1451.

2) Vgl. S. 62 f. In den vor 1900 geschlossenen Ehen fällt das Wahlrecht nach dem Ausführungsgesetze von Elsaß-Lothringen weg.

3) Vgl. S. 64, Anm. 1. Ein Wahlrecht des zweiten Ehegatten der angefochtenen Ehe findet nicht statt.

Vereinbarung durch Ehevertrag ein[1]). Dies gilt auch für die übergeleiteten Güterstände der vor 1900 geschlossenen Ehen.

§ 7. Das Güterrechtsregister[2]).

BGB. §§ 1558—1563. Unzner a. a. O. IV. 194—200, 309—313. Endemann II³. § 183.

Nach dem Vorbilde der vielfach für Eheverträge von Kaufleuten vorgeschriebenen Eintragung in das Handelsregister (Preußen, Baden, Hessen, Elsaß-Lothringen, Oesterreich, vgl. Code de commerce 67 ff.) und dem unmittelbaren Vorgange von Oldenburg und Bremen macht das BGB. die Wirkung der Eheverträge gegen Dritte wesentlich von der Eintragung in das Güterrechtsregister (im ersten Entwurfe „eherechtliches Register") abhängig, indem es zugleich das Eintragungsprinzip auf eine Reihe eherechtlicher Vorgänge, die nicht dem vertragsmäßigen Güterrecht angehören, ausdehnt.

Die Güterrechtsregister werden von den Amtsgerichten geführt, doch kann die Landesjustizbehörde einem einzelnen Gerichte gleichzeitig die Führung für mehrere Amtsgerichtssprengel übertragen. Die Zuständigkeit im einzelnen Falle richtet sich nach dem Wohnsitz des Mannes. Hat einer der Ehegatten eine in einem anderen Gerichtssprengel befindliche Handelsniederlassung, so müssen die Eintragungen in dem für diese zuständigen Güterrechtsregister wiederholt werden, widrigenfalls sie in allen auf das Geschäft bezüglichen Rechtssachen als ungeschehen gelten[3]). Bloße Zweigniederlassungen bleiben dabei unberücksichtigt. Wird der Wohnsitz oder die Handelsniederlassung in einen anderen Sprengel verlegt, so ist die Eintragung auch in diesem zu wiederholen, während bei einer Zurückverlegung an den früheren Ort die ehemalige Eintragung wieder in Kraft tritt. Bei mehrfachem Wohnsitz (§ 7, 2) sind entsprechend mehrfache Eintragungen erforderlich.

---

[1]) BGB. § 1557. Wird sie vereinbart, so müssen nach § 1549 die Bestimmungen der §§ 1483 - 1518 entsprechende Anwendung finden. Die Ausgestaltung der fortgesetzten Fahrnißgemeinschaft in dieser Richtung wäre nicht ohne Reiz, sie würde aber ohne Zweifel ergeben, daß die praktische Verwerthung eines so kunstvollen Gebildes die größten Bedenken haben müßte.

[2]) Vgl. Gesetz betr. die Angel. d. freiw. Gerichtsbarkeit vom 17. Mai 1898, §§ 161 f., Schweiz. Vorentw. 222 ff. („Ehegutsregister").

[3]) Vgl. EG. z. HGB. vom 10. Mai 1897, Art. 4.

Den Gegenstand der Eintragung bilden außer den Eheverträgen (1435): die Beschränkung oder Ausschließung der Schlüsselgewalt der Frau[1]), die Gütertrennung[2]), die Wiederherstellung des früheren Güterstandes nach eingetretener Gütertrennung (1431, 2. 1548, 2), das Vorbehaltsgut (1371, 1441, 1526, 3), der Einspruch und Widerruf der Einwilligung des Mannes bei selbständigen Erwerbsgeschäften der Frau[3]), die Beibehaltung des bisherigen Güterstandes bei Ausländern oder nach der Eheschließung naturalisirten früheren Ausländern, wenn sie ihren Wohnsitz im Inlande haben (EG. 16). Für die Güterstände der vor 1900 geschlossenen Ehen verlangen die Eintragung nur Anhalt, Baden (von 1905 an), Braunschweig, beide Reuß, S.-Altenburg und beide Schwarzburg, blos für vertragsmäßige Güterstände Hamburg. Die Ausführungsgesetze der übrigen Bundesstaaten schreiben die Eintragung nur für den Fall vertragsmäßiger Aenderungen oder späterer Verlegung des Wohnsitzes vor.

Eintragungen in das Güterrechtsregister erfolgen nur auf Antrag[4]), der persönlich zu Protokoll vor dem Gerichtsschreiber oder durch öffentlich beglaubigte Eingabe zu stellen ist (1560). Wenn die Eintragung von der Beurtheilung eines streitigen Verhältnisses abhängt, ist sie bis zur Erledigung des Rechtsstreites auszusetzen[5]). Bei Eheverträgen kann jeder der Ehegatten, unter Vorlegung der Vertragsurkunde, den Antrag stellen, ebenso der Notar, der den Vertrag aufgenommen hat[6]). Ebenso ist jeder Ehegatte zur Stellung des Antrages befugt bei Veränderungen des Güterstandes durch gerichtliche Entscheidung (hier unter Vorlegung des mit Beglaubigung der Rechtskraft versehenen Urtheils) und bei bloßer Wiederholung einer schon bei einem anderen Gerichte erfolgten Eintragung (unter Vorlegung einer beglaubigten Abschrift derselben). Bei Entziehung der Schlüsselgewalt oder der Erlaubniß zum selbständigen Gewerbebetriebe der Frau hat der Mann den Antrag zu

---

[1]) BGB. § 1357, 2. Löschung auf Antrag der Frau, wenn die Anordnung des Mannes durch Beschluß des Vormundschaftsgerichts für einen Mißbrauch erklärt ist.

[2]) BGB. §§ 1431, 1. 1470, 2. 1545, 2. 1549.

[3]) BGB. §§ 1405, 4. 1452, 1519, 2. 1549. Civ.-Pr.-O. 741.

[4]) Löschung von Amts wegen bei Eintragungen, die wegen Mangels einer wesentlichen Voraussetzung unzulässig waren. Ges. betr. freiw. Gerichtsbarkeit 142 f., 161.

[5]) Ges. betr. d. freiw. Gerichtsbarkeit 127, 161.

[6]) Ges. betr. d. freiw. Gerichtsbarkeit 129, 161.

stellen. In allen anderen Fällen bedarf es eines gemeinsamen Antrages beider Gatten, wozu jeder Ehegatte die Mitwirkung des anderen verlangen kann[1]).

Von jeder Eintragung sind beide Ehegatten zu benachrichtigen. Die Einsicht des Güterrechtsregisters ist jedem gestattet. Von den Eintragungen können Abschriften, die auf Verlangen zu beglaubigen sind, gefordert werden. Auf Verlangen hat das Registergericht eine Bescheinigung darüber zu ertheilen, daß weitere bezügliche Eintragungen nicht vorhanden sind oder daß eine bestimmte Eintragung nicht stattgefunden hat.

Die Wirkung der Einträge in das Güterrechtsregister ist ähnlich wie bei den Einträgen ins Handelsregister, indem das Nichteingetragene dritten Personen nur entgegengesetzt werden kann, wenn ihnen die Kenntniß der Sachlage nachgewiesen wird. Andererseits gilt das Eingetragene als allgemein bekannt (1435), ohne daß der gegenüber dem Handelsregister zugelassene Gegenbeweis des entschuldbaren Nichtwissens (HGB. § 15, 2) Anwendung findet[2]). In Grundbuchsachen ist der Nachweis eines von dem gesetzlichen Güterstande abweichenden güterrechtlichen Verhältnisses oder die Zugehörigkeit eines Gegenstandes zum Vorbehaltsgute ausschließlich durch ein Zeugniß des Registergerichts über die Eintragung zu führen[3]).

---

[1]) Wird dem Verlangen nicht entsprochen, so bleibt nur der Weg der Klage übrig, wobei Civ.-Pr.-O. 894, 896 Anwendung findet. Wenn eine beschränkt geschäftsfähige Person ohne Zustimmung des gesetzlichen Vertreters und ohne obervormundschaftliche Ermächtigung eine Ehe eingegangen ist, so daß nach BGB § 1364 Gütertrennung besteht, so hat der gesetzliche Vertreter die Mitwirkung des anderen Ehegatten zur Stellung des Antrages auf Eintragung der Gütertrennung zu beanspruchen.

[2]) Der den Grundbucheintragungen innewohnende öffentliche Glaube kommt den Eintragungen in das Güterrechtsregister nicht zu. Die Eintragung ist wirkungslos, wenn die eingetragene Thatsache nicht der Wahrheit entspricht. Vgl. Unzner IV S. 197.

[3]) Gr.-B.-O. 34.

Druck von Otto Walter in Berlin S.

Kolibri 360 GmbH
Ferdinand-Jühlke-Straße 7
99095 Erfurt, Deutschland
produktsicherheit@kolibri360.de